本書は、近々初めてファシリテーションをやることになった、どうやったらうまく合意形成できるんだろう、という方々が、ちょっとした勇気で一歩を踏み出せる本を作りたいと思って書きました。ファシリテーションのポイントを、できるだけ簡単に、できることから書いたつもりですので、ぜひ、何か一つでもトライしてみてください。

　ここ20年ほどでファシリテーションという言葉は広がりましたが、同時に誤解も多いと感じるため、基本的な考え方もお伝えするようにしています。

　私たち1人ひとりの影響力は想像以上のもので、何もしないという行動すらも、1つのメッセージとして周囲に影響を及ぼします。

　インド独立の父と言われるマハトマ・ガンディーは、「あなたがこの世で見たいと願う変化に、あなた自身がなりなさい」という言葉を残しています。

　あなたが一歩を踏み出せば、よりよい話し合いに、ひいてはみんなで遠くに行けるチームづくりに一歩近づきます。

　さあ私たちが見たい未来を共につくりましょう。

竹本　記子

本書が目指すこと

　この本がお伝えするのは、カッコいいファシリテーションのやり方ではありません。

　理路整然と会議を進行し、フレームワークを使いこなしてあざやかに合意形成する。ホワイトボードもほれぼれするほどカッコいい。そんなファシリテーター、私もあこがれました。でも、いきなりかっこいい！　なんて無理ゲーなんです。少々カッコ悪くても、まずやってみる。やり始めないと何も変わらないのです。何もかも自分でできなくてもいい。ホワイトボードに書くのが苦手なら、カッコよく書くのが得意な人に任せればいい。どう進めたらいいかわからなくなったら「どうしたらいいと思います？」と聞いたっていい。

　それは、あざやかに振る舞うカッコよさとは程遠い姿かもしれませんが、まず大切なのは、意見が出し合える環境です。みんなが納得できる結論をみんなで創り上げる。そういう場づくりこそが、ファシリテーターに求められる役割だと私は思います。

　本書では、そんなファシリテーションの最初の歩みを進められるように基本的なマインドと方法をお伝えします。

こんな人に読んでほしい！

☐ **急に会議を任されて困っている人**

☐ **もっとうまく会議を進めたい**と思っている人

☐ 決まらない、終わらない、**無駄に長い会議を
なくしたい人**

☐ **円満に合意形成したい人**

☐ あのファシリテーターなんとかならない？　と
不満を感じている人

☐ ファシリテーションを取り入れてみたいけれど、
何からやればいいかわからない人

　　そのほか、話し合いをより良くしたいと悩んでいるす
べての人に、今日から試せる、最も簡単で基本的な方法
をお伝えします。

ファシリテーターは " 会議をカッコよく仕切る人 " ではない

カッコ悪くていい、みんなの納得感があることが一番大事

　さっそうと会議の場に現れ、完璧なアジェンダをホワイトボードに書き、アイスブレイクで場をあたためると、理路整然と会議を進めていき、懸案事項をさくさく決めていく。それがファシリテーターだと思っていませんか？　最初からそういう"カッコいい"ファシリテーターを目指しても、そうはうまくいきません。相手を論破するため、説得するためにファシリテーションを学びたいという声も聞きますが、ファシリテーションは、誰かが勝つ、負けるために行うのではありません。誰もが尊重され、みんなが納得できる結論を導くことが重要なのです。

　自分がどんな時に納得できたかを思い出してみましょう。意見を言えた、聴いてもらえた、何か話し合いに貢献できた、思っていたよりいい考えがみんなから生まれた、みんなが理解できた。そんな時ではないでしょうか。その時ファシリテーターはどんな行動をしていたでしょうか。仕切るのではなく、気づいてくれた、確認してくれた、考える視点や視座、きっかけをくれた。時にはみんなが言いづらいことも言ってくれた…。そんな話し合いができた時は、参加者もファシリテーターも、何とも言えない満足感があるものです。

　ぜひ、そんなファシリテーターを目指しましょう。できることからやってみて振り返る。これを繰り返すうちに、本当の意味でのカッコいいファシリテーターになっているかもしれませんよ。

怖くないファシリテーション

2

ファシリテーションは
難しくない

あなたの周りの盛り上げ上手を
まねしよう

　ファシリテーターには、特別な能力やスキルが必要だと思っていませんか？　「ロジカルシンキングができなければだめ」「グラフィック・ファシリテーションがさくさくできないとね」…。そんなふうに言われたらひるんでしまいますよね。でも、ファシリテーションを始めることはそんなに難しいことではありません。

　たとえば、みなさんの周りもこんな人はいませんか？　飲み会や井戸端会議、会社の話し合いなどで、うまく場を盛り上げてくれる人、話をまとめてくれる人、何度も「何？」と聞いてくれる人、話をしていない人に「どう？」と尋ねてくれる人…。これこそファシリテーションです。

　ファシリテーションのコツやスキルは特別なことではなく、案外日常生活の中に紛れているものです。それを意識的・効果的に学ぶことで、コミュニケーションが変わります。あなたが、「話しやすいな」「この人がいるとスムーズにことが運ぶな」と思う人はどんな話し方をしていましたか？　思い出してみましょう。

　みんながファシリテーションのスキルを持てば、互いの理解が広がり、とてもいい話し合いができて、1人ひとりが尊重され活かしあう社会に向かっていきます。

意見を無理にまとめることが ファシリテーターの 仕事ではない

異なる意見の中から
みんなの納得できる最適解を導く

　会議には、いろいろな立場や価値観、経験を持った人が参加します。当然考え方も異なります。そこから1つの結論を導き出すのは容易ではありません。それでも最終的には結論を出さなければなりません。そんな時、ファシリテーターはどうしたらいいでしょうか。

　強引に「これでいきます！」と決めればいいのでしょうか。この方法では、意見が異なる参加者には不満が残るでしょう。納得がいかなければ、決まったことに従ってくれないということもありえます。「人が勝手に決めた」「自分の意見が反映されていない」ことに、自分事として取り組むのは難しいものです。

　ファシリテーターがするべきことは、誰かの意見に方向づけたり、どの意見にするか判断することではなく、みんなの異なる意見を引き出し、納得のいく最適解をみんなで決めていくことです。「私は違う意見だけど、あなたはどうしてそれがいいと思う？」と意見に隠れた背景や経験を聞いてみると、「なるほど！　そんな視点があったのか！」と理解できることがたくさんあります。

　決して、ファシリテーターが強引に決めてはいけないのです（それは"仕切りテーター"といいます）。

　みんなが個性を認め合い、大きな声の人だけでなく小さな声の人の想いも届くような社会になれば世の中はもっと良くなるのではと夢見ています。

怖くないファシリテーション

4

ファシリテーター1人が
がんばるのではない

みんながファシリタティブに関われば
会議はどんどん良くなる

　ファシリタティブ（facilitative）の本来の意味は、物事の進行などを促進することです。会議や話し合いの文脈では、ファシリテーターだけでなく参加者も、ファシリテーションのスキルやマインドを持って話し合いに参加する態度を言います。

　ファシリテーターの役割を担った人だけがんばるのではなく、参加者みんなが、ファシリタティブになろうと意識できれば会議は変わります。

　話が脱線したら「ちょっと話がずれていない？」と周りの人が声を掛けたり、長く話し過ぎる人がいたら「ちょっと話し過ぎですよ」と優しく声を掛け合う。言われた人も「そうだね、教えてくれてありがとう」と気づいて改める。こんな風にみんなが関わってくれれば、ファシリテーターが1人で「どうしよう、話がずれてまとまらない！」「他の人の発言の時間がなくなる！」と悩まなくてすみますし、会議もスムーズに進みます。

　ファシリテーターは会議の準備をしたり、会議室を予約したり、次の会議までに資料を集めたり、会議以外の時間も案外忙しいもの。そんな時、「手伝いますよ」と自ら手を挙げ助け合える。そんな関係性ができたら、会議だけでなく、その組織自体も素晴らしいものになるでしょう。

怖くないファシリテーション

5

ファシリテーションは
会議のためだけに
あるのではない

ファシリテーションは人生を
よりよく生きるための知恵

　ファシリテーションとは、一般的には「会議の場で話し合いを円滑に進めていくこと」だといわれています。しかし、ファシリテーションのパイオニア、堀公俊さんは、ファシリテーションをもっと広くとらえ、「人々の活動が容易にできるように支援し、うまくことを運ぶようにすること」と『ファシリテーション入門』という著書の中で書いています。私は、ファシリテーションとは、人生をよりよく生きる方法でもあると思っています。

　人には、生きている間、さまざまな出会いがあります。いいなと思う人ばかりではなく、嫌だな、苦手だな、と思う人もいます。でも、嫌だと思っていた人も、話をして相手のことを理解すると、嫌じゃなくなることってありますよね。もし、嫌だなと思って話をしないままだと、ずっとその人のことを理解できず嫌なままで終わってしまう。本当はわかり合えたかもしれないのに、それではもったいないと思うのです。もし、ファシリテーションのスキルがあれば、もっと話ができてわかり合えたかもしれません。

　ファシリテーションとは、みんなが納得できる最適解をつねに考えて、それを集合知にしていく作業です。ファシリテーターだけでなく、全ての人が、自分も相手も良くなるための判断をし始めたとき、社会はより良くなっていくのではないでしょうか。それがファシリタティブな社会であり、私が目指したい社会でもあります。

ファシリテーターに必要なこと

好奇心、コミュニケーション力、
みんなを信じる力、そして公平であること

　ファシリテーターに必要なこととは何でしょうか。

　プレゼン力？　ロジカルシンキング力？　問題解決力？　もちろんそれらもあったほうがいいですが、仮に知識やスキルが足りなくてもファシリテーションを始めることはできます。

　まずなくてはならないのは、他人を理解し、参加者の誰とでも意思疎通をしようとする好奇心とコミュニケーション力です。それが第一歩。

　そして、次に大事なのはそこにいる人を信じる力です。人は成長し変化するものだと発達的視点に立ち、話し合いの環境をつくれば、必ずみんなで意見を出し合い、結論に到達できると信じる。疑っていると意見は出てきません。

　みんなが意見を出し合うためには、意見を言える環境を整えること、意見を言うことを邪魔しているのは何か？　を考えることも重要です。そのためにファシリテーターが忘れてはいけないのは、公平性です。

「ファシリテーターは中立で」とよく言いますが、そうではなく、公平であることこそが求められます。

　つまり、平等に同じものを用意するというサポート（Equality）で終わるだけではなく、全員が考えを出し合える機会や環境を本当に用意できているか。発言する機会や難易度、負荷などが、目的に対して相対的に"公平"かどうか、に意識を向けてほしいのです。たとえば、男性ばかりの会議に女性が一人ということもまだまだ珍しいことではありませんが、このような場は女性にとって発言機会が公平だと言えるでしょうか。私たちの社会には、まだまだ不平等な断層があることを忘れてはいけません。

　ファシリテーターが「誰でも意見を言ってください」といくら伝えても、参加者が断層を感じていたら言えないものです。意見を言えるチャンスをつくり、心をほぐしていきましょう。

目　　次

| 第1章 |「こんな会議はいやだ」の処方箋

|第2章| 会議準備シートを作ってみよう
～会議の成否は準備で決まる

第3章 実際にファシリテーションをしてみよう

～まずは型に沿って進めてみる

| 第 4 章 | ツールを使いこなそう

| 第5章 | ファシリテーター秘伝の術
〜上級者になるための小さなテクニック

第 **1** 章

「こんな会議はいやだ」の 処方箋

この章では、ありがちな会議の問題点を明らかにし、 どうすれば良くなるかを考えます。

こんな話し合いをしていませんか？

「こんな会議はいやだ」の ありがちなパターン

どこでも悩みは同じ！

　私は、会議に関するたくさんの悩みを聞いてきました。会社の規模や会議の目的、メンバーによって多少は異なりますが、どこの会社でもだいたい悩みは同じです。

　だらだらと長い、何のための会議かわからない、意見が出ない、同じ人ばかり発言している、話が長い人がいる、話がかみ合っていない、結局自分の意見は反映されずに決まってしまった、などなど。

　みなさんも、「あるある！」と思うのではないでしょうか。

　しかし、大丈夫。そんなダメダメ会議をよくする方法があります。

　次ページは、ありがちな会議の問題点とその解決法をまとめたものです。それぞれについて、これから詳しくお話ししていきます。

　もし、あなたが「こんな会議にはしたくない」と思っているのなら、いきなり全部は無理かもしれませんが、どれか１つでも、簡単なところから実行してみましょう。会議が変わることは間違いありません。

やってみよう！
小さなことから実戦してみよう！

①進行グダグダで何を話しているのかわからない～この時間必要？ → 始まる前のひと手間で会議がこんなに変わる！ **P.26へ**

 ②誰も意見言わない…この沈黙最悪だ～ → 和気あいあいと話せるしかけがあると雰囲気が変わる！ **P.30へ**

 ③またあの人か…いつも同じ人が話してる。あの人また一言も話さない… → みんなが公平に話のきっかけがつかめるようにしよう！ **P36へ**

 ④いろいろ意見が出たけど、結局何を話していたんだっけ？ → 話し合いを見える化しよう **P.40へ**

 ⑤なんだか話がかみ合っていないかも？ → 5つのチェックポイントで交通整理をしよう **P.44へ**

 ⑥意見はいっぱい出たけどうまくまとまらない。結論が出ない → 意見の整理・構造化のスキルを身につけよう **P.48へ**

 ⑦結局何が決まったんだっけ？この話、前もしたよな～ → まとめの習慣をつけよう **P.52へ**

 ⑧決まったけれど誰がやるんだっけ？結局実行されてない！ → みんなが納得できる結論を導こう **P.54へ**

まとめ
1つでも解決法を実践すれば、ダメダメ会議は必ず良くなる！

①進行グダグダで何を話しているのかわからない〜 この時間必要？

始まる前のひと手間で 会議がこんなに変わる!

準備が8割

何事も準備なしにはうまくいきません。会議の成否は8割がた準備の段階で決まっています。

基本はOARR（オール）

OARRとは、話し合いを円滑に進めるために抑えておくべき4つの項目で、ファシリテーションではよく使われるフレームワークです。4つの項目とは、**Outcome（アウトカム）・Agenda（アジェンダ）・Role（ロール）・Rule（ルール）**のこと。それぞれについて説明しましょう。

・Outcome（アウトカム）

「目的」「成果」「ゴール」のことです。会議の時には、最初にアウトカムである「ゴール」を発表し、参加者すべてに共有します。これだけで、「いったい何のための会議なの？」状態は回避できます。

ゴール設定は大事なポイントなのでしっかりスタートで共有するためにもいくつか考えて当日に臨みましょう。

OARRとは

Outcome（アウトカム）	会議の目的、達成したい目標（ゴール）
Agenda（アジェンダ）	目的・ゴールを達成するための議事進行、時間配分など
Role（ロール）	何のためにここにいるのか
Rule（ルール）	会議をスムーズに進めるための約束事

やってみよう！
自分のノートに、
参加している話し合いの
OARRを書いてみよう！

・Agenda（アジェンダ）

「目的」「成果」「ゴール」を達成するために話し合うべき議題（論点）や、進行スケジュール、時間配分などのこと。「○○について」のような曖昧な議題ではなく、具体的な議題を設定することが会議を成功に導く鍵です。

・Role（ロール）

「ファシリテーター」「グラフィッカー（板書係）」などのロール（役割）を決めます。何より重要なのは、1人ひとりが、どのような役割でここにいるのかを理解すること。なぜあなたが必要か、どんな役割を担ってほしいのか。誰が欠けても困ることを伝え、自分事として参加してもらいましょう。

・Rule（ルール）

会議の進行をスムーズにするための「規則」「約束事」を決めます。「時間は守りましょう」「人の意見に耳を傾けましょう」など、集まるメンバーに合わせてあらかじめルールで決めておくと、"会議での困ったふるまい"の多くは未然に防げます。

アジェンダがしっかりしていると会議が変わる

　目的・ゴールに沿って、何を議論するか（論点）、どのような順番や時間配分で話し合うかしっかり決めておくと、話があちこちに飛んだり、今何について話し合っているかかわらなくなったりしにくくなります。山に登る時も、事前にルートや時間配分などを計画し、地図を見ながら計画に沿って登るように、事前にアジェンダを作って、計画通り進めていくことで、会議が時間内に終わらないということも激減します。途中で流れが変わったり時間が足りなくなりそうになっても、アジェンダを見ながら軌道修正をすることができます。

　アジェンダは、事前に考えておくだけでなく、会議の当日には参加者全員に「このように進めますがこれでいいですか？」と共有し承認を得ること。これだけでも会議が大きく変わるはずです。

　次ページは私が会議の前に準備する「会議準備シート」で、OARRの要素が網羅されています。この使い方は、次の章で詳しく述べます。

> **まとめ**
> ・会議の成否は準備で決まる。
> ・準備の基本は OARR。

まずコレやってみよう!
会議準備シートを作って、書けるところだけでも書いてみよう！

会議準備シート

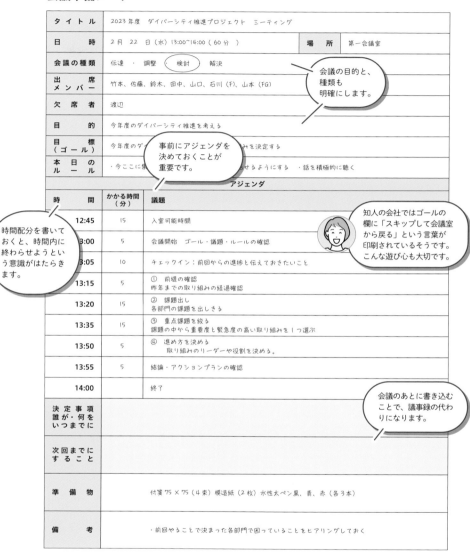

タイトル	2023年度　ダイバーシティ推進プロジェクト　ミーティング		
日　時	2月22日(水) 13:00~14:00 (60分)	場　所	第一会議室
会議の種類	伝達 ・ 調整 ・(検討)・ 解決		
出　席メンバー	竹本、佐藤、鈴木、田中、山口、石川 (F)、山本 (FG)		
欠　席　者	渡辺		
目　的	今年度のダイバーシティ推進を考える		
目　標(ゴール)	今年度のダ〜〜〜〜〜〜み を決定する		
本日のルール	・今ここに〜〜〜〜〜〜らせるようにする　・話を積極的に聴く		

会議の目的と、種類も明確にします。

事前にアジェンダを決めておくことが重要です。

アジェンダ

時　間	かかる時間(分)	議題
12:45	15	入室可能時間
13:00	5	会議開始　ゴール・議題・ルールの確認
13:05	10	チェックイン：前回からの進捗と伝えておきたいこと
13:15	5	① 前提の確認　昨年までの取り組みの経過確認
13:20	15	② 課題出し　各部門の課題を出しきる
13:35	15	③ 重点課題を絞る　課題の中から重要度と緊急度の高い取り組みを1つ選ぶ
13:50	5	④ 進め方を決める　取り組みのリーダーや役割を決める。
13:55	5	結論・アクションプランの確認
14:00		終了
決定事項誰が・何をいつまでに		
次回までにすること		
準　備　物	付箋75×75 (4束) 模造紙 (2枚) 水性太ペン黒、青、赤 (各3本)	
備　考	・前回やることで決まった各部門で困っていることをヒアリングしておく	

時間配分を書いておくと、時間内に終わらせようという意識がはたらきます。

知人の会社ではゴールの欄に「スキップして会議室から戻る」という言葉が印刷されているそうです。こんな遊び心も大切です。

会議のあとに書き込むことで、議事録の代わりになります。

私が会議の前に準備する、「会議準備シート」です。ここに会議の日時・場所、参加者、会議の目的・ゴール、議事進行 (アジェンダ) など、必要な項目をまとめます。

②誰も意見言わない…この沈黙最悪だ～

和気あいあいと話せるしかけがあると雰囲気が変わる!

心理的安全性が高いチームは生産性が高い

　心理的安全性という言葉をご存じでしょうか。組織行動学者のエイミー・エドモンドソン教授が提唱する心理学用語で、「チームの他のメンバーが自分の発言を拒絶したり、罰したりしないと確信できる状態」と定義しています。心理的安全性が高いと、チームのパフォーマンスが向上し業績や成果が上がる、コミュニケーションが活発になり創造的な発想が出やすい、会社へのエンゲージメントが高まるなどのメリットがあり、企業でも関心が高まっています。

　以下の表は、Googleが、チームの生産性を向上する秘訣を調べた結果、導かれた5つの要素を示しています。この中にも心理的安全性が入っています。

成功するチームに共通する5つの要素

①相互信頼	メンバーは、時間内に期待する仕事を終えることができると信頼できる
②構造と明瞭	メンバーは明確な役割、計画、目標を持っている
③仕事の意味	メンバーは仕事に意義を感じている
④インパクト	メンバーは自分の仕事が社会にプラスの影響を与えると感じている
⑤心理的安全性	誰もが安心して意見を述べ質問できる環境である

心理的安全性が確保された場とは、まさに理想的な会議の場そのものであり、ファシリテーターが目指すべき場です。

４つの不安を解消しよう

　エドモンドソン教授は、心理的安全性を阻害するものは、４つの不安だといいます。４つの不安とは、次の表のとおり。

心理的安全性を阻害する４つの不安

無知だと思われる不安	質問すると無知だと思われる
無能と思われる不安	間違えたり助けを求めると無能だと思われる
ネガティブだと思われる不安	批判的な意見を言うとネガティブだと思われる
邪魔だと思われる不安	自分の発言によって議論が長引くと邪魔だと思われる

　このような不安があると、自由に発言ができなくなります。会議の時にシーンとして意見が出ないのは、4つの不安があるからなのです。この不安をいかに解消するかがファシリテーターの重要な役割です。ファシリテーター自身も不安になることはあるでしょう。そんな時は、その感情をないものとせず、身体の反応をよく観察して、なぜ自分が不安や苦しさを感じているのかじっくりと味わい、言語化してみましょう。不安の正体を理解することで、少し不安が軽減され、冷静に現実を受け止められるようになります。

不安を解消する4つのポイント

エドモンドソン教授によると不安を解消するポイントは次の４つです。
- ❶話しやすい雰囲気づくり
- ❷助け合える人間関係づくり
- ❸失敗を否定しない
- ❹多様性を歓迎する

具体的にはどうすればいいのでしょうか。

❶話しやすい雰囲気づくり

会議を始める前に、互いに自己開示をし、信頼関係を作ることが大事です。また、ルールでみんなが自由に意見を言ってよい場であることを明示してもいいでしょう。机の並びにも注意します。あまり距離が遠すぎると話しづらくなります。

❷助け合える人間関係づくり

なかなか一朝一夕にはできませんが、毎回、役割分担をしてみんなが手伝うことを標準ルールとすることで、助け合うのが当たり前という空気を広げていくことです。

❸失敗を否定しない

ルールで「人の意見を否定しない」と決めておくといいでしょう。

ファシリテーターが「間違ってもいいですよ」「何でもいいですよ」と声を掛けるだけでも失敗へのハードルがだいぶ下がります。「え?」と思うような意見も受けとめて書き残したり、「そんなことも言っていいの?」というような意見をファシリテーター自らが言うことも肯定的な場づくりに役立ちます。

❹多様性を歓迎する

異なる意見を排除せず、小さな声も丁寧に拾うことが大切です。

マジョリティ(多数派)の気づかないことにマイノリティ(少数派)の方が気づく傾向があります。重要な意見や気づきを出してくれているかもしれません。表情やしぐさをよく観察して、何か言いたそうだなと気づいたら「何か気になることはありませんか?」と聞いてみましょう。見落としていたことに気づくかもしれません。

不安を解消するポイントはこの4つ!
❶話しやすい雰囲気づくり
❷助け合える人間関係づくり
❸失敗を否定しない
❹多様性を歓迎する

　多様な人が参加する会議が増えています。年齢性別だけではなく、違った価値観やキャリア観も当たり前になっています。そんな中で、無意識に人を傷つけたり、発言や行動ができなくなるような言動を引き起こしているかもしれません。

アンコンシャスバイアスを取り除く

　心理的安全性を阻害する要因として、最近注目されているのがアンコンシャスバイアス（無意識の偏見）です。

　「女性だから○○できない」「こういう仕事は男性しかできない」「最近の若者は…」といった、性別や年齢による偏見、「普通は○○だよね」「○○くらいできて当たり前だよね」といったその人の価値観の押し付け、「B型の人は大雑把」「大阪人はおもしろい」といった決めつけなど、身の回りにはアンコンシャスバイアスがあふれています。

　このようなバイアスは、人を傷つけたり、自由に意見を言えない雰囲気を生んだり、やる前から「どうせ無理」と無気力になったり（これを学習性無力感といいます）、柔軟な発想の妨げにもなります。

　アンコンシャスバイアスは誰でも持っているもので、持っていること自体が問題なのではありません。気づかずに自分や他人に悪い影響を与えていることが問題なのです。まずは「自分にもアンコンシャスバイアスはある」と気づくことが大事です。気づけば変えられます。

　発言する前や後に「この発言大丈夫かな？　大丈夫だったかな？」とまず自問自答すること、そして「相手に問題なかった？　今のってアンコンシャスバイアスかな？」と聞くことが大事です。

よくあるアンコンシャスバイアス

血液型が B 型の人は大雑把	根拠のない思い込み・決めつけ
大阪人はみんなおもしろい	
宴会の幹事は新人の仕事	立場や性別、国籍、立場などに伴う偏見
ベテランに任せれば安心だ	
最近の若者は打たれ弱い	
外国人は自己主張が強い	
子育て中の女性には頼めない	
普通は○○だ	自分にとっての常識の押し付け
○○くらいできて当たり前だ	
一般的には○○だ	

まとめ

・ファシリテーターは、心理的安全性が確保された場を作る
・４つの不安（無知・無能・ネガティブ・邪魔）を解消する
・不安解消のポイントは、
　❶話しやすい雰囲気づくり
　❷助け合える人間関係づくり
　❸失敗を否定しない
　❹多様性を歓迎する
・自分の中のアンコンシャスバイアス（無意識の偏見）に気づき、
　言葉を吟味する、確認する

③またあの人か…いつも同じ人が話してる。 あの人また一言も話さない…

みんなが公平に話のきっかけが つかめるようにしよう!

できるだけフラットな場にする

　あなたが意見を言いにくいと感じるのはどんな人に対してですか？　どんな時に言いにくいと感じますか？

　人によって「こんなことで？」ということでも言いづらさを感じることがあります。わかりやすいのは、入社時期、経験の有無、ポジションの上下など、社歴やポジションパワーです。そのほか、声が大きい、海外帰り、出張が多い（花形職種）、オーラがある人に対しても話しにくさを感じる人も多くいます。「言えばいいのに」は、言える人が言う言葉です。

　ファシリテーターはどんな人でも意見が言いやすいようにフラットな場を目指します。会議の冒頭で、「この場では、普段の立場や役割を一度忘れてフラットに話し合いましょう」、「経験が少ない人の意見も重要な気づきになりますのでぜひ遠慮せずに発言してください」などの声掛けをし、発言のハードルが低くなるように意識しましょう。

人選をよく考える

　たとえば現場の問題点を本音で話してほしい時に、管理職がメンバーに交じっていたら現場の人は話しにくくなります。また、いろいろな意見を集めたい時に、いつものメンバーでは新しい発想が生まれにくいので他部署の人も混ぜたほうがいい場合があります。このように、会議の目的に合わせて人選を考えることもファシリテーターの役目です。

ルールで決めておく

　1人が長々としゃべると他の人がしゃべる時間がなくなります。「発言は短く」とルールで決めておくのも一案です。先に決めているのでファシリテーターも「発言は短く、でしたよね」と言いやすいですし、参加者も自分で気をつけるようになります。ルールを書いた紙を貼っておくと、そこへ目線を送ることでも表現できます。

しゃべっていない人に声をかける

　会議は、声の大きい人に引っ張られがちです。メンバー全体をよく観察して、ほとんど発言していない人、何か言いたそうな人がいたら、「○○さん、何か言いたいのではありませんか？」と発言を促しましょう。発言しない人は、何か言わない理由があります。本人の問題にするのは簡単ですが、そうではないことが多いと思いま

す。個人の問題とする個人モデルで考えるのではなく、社会モデルで考える訓練をしましょう。

　小さな声、声なき声に気づくことで、みんなの納得できる結論に到達できるのです。

全員が必ずしゃべる仕組みを考える

　同じ人ばかりが発言しないように、全員が発言できる機会をつくります。ランダムに当てる、発言した人が次を指名するなど工夫しましょう。順番に次々当てるという方法は、安心はありますが、人が発言している間に「何を言おう」と考える傾向があり、話を聞かないことにもつながります。

　また隣の人と意見交換（バズセッション）してから意見を促すと、意見を言うことへの抵抗がなくなり、言いやすくなります。

　状況に合わせて方法を選ぶことが大事です。

付せんを使うと意見が出やすい

　「付せんに意見を書いて貼る」という方法を使うと、意見が活発に出る場合があります。みんなの前で話すよりも自分で書くほうが抵抗がないからです。付せんの使い方にはポイントがあります。P.100の説明をぜひ参考に！

机の配置、席順も考えよう

　机の配置や席順によって話しやすくなることもあります。詳しくは次章で述べます。

安心して話せる人間関係を作っておく

　詳しくは第3章で述べますが、「何を話しても大丈夫だ」という安心感、信頼関係がなければ意見は出てきません。会議が始まる前に数分でいいので自己紹介やちょっとしたゲームなどをして話しやすい雰囲気を作っておくこともファシリテーターに求められます。

まとめ
・フラットな場づくりが重要
・発言していない人を見逃さない
・全員が話せる仕組みを作っておく
・机の配置も大事

④いろいろ意見が出たけど、
結局何を話していたんだっけ？

話し合いを見える化しよう

ホワイトボードや紙、PCで見える化する

　何を話していたかわからなくなる原因は簡単です。しゃべったことを書き留めないからです。話し言葉はシャボン玉と同じ。ふわふわと空中を漂い、しばらくしたら消えてしまいます。せっかくいい発言をしても、ほとんど記憶に残りません。これではもったいない！

　最も簡単な方法は、手元のノートや紙に書き留めること。でも、一番いいのは、ホワイトボードに書き込んでみんなに共有することです。カッコよく書こうとしなくてかまいません。はじめはただ聞いた順に羅列するだけでも十分です。

　最近はPCの活用も多いので、PCの画面を投影してみんなで共有しながら議論をするのでもいいでしょう。

　発言が文字として見える化されると、記憶に残りますし、文字を見ることで考えが深まります。書かれた発言に触発されて新たなアイデアが生まれたり、折衷案を思いつくなど、話し合いの生産性も高まります。書いておくと、ホワイトボードの写メを取るだけで議事録にもなります。これで、次回の会議で一から同じ話をしなくてもすみますね。

　書き方にはコツがありますが、それは第5章で詳しく述べます。

やってみよう！
「ちょっと忘れないように書いておいていいですか？」と言って、ホワイトボードに書いてみよう！

アジェンダを共有する

　アジェンダの内容をホワイトボードの隅に書き、常にみんなが確認できるようにしましょう。プロジェクターでアジェンダをみんなに見えるように提示してもいいでしょう。こうしておけば、話し合いが白熱して「今、何を話していたんだっけ」とわからなくなった時でも、「あ、今は議題の３だな」と立ち位置を確認することができますし、「今はこのことについて話しているのだから横道にそれないようにしよう」とみんなが意識するようになります。

　もし、話がそれているなと感じたら「今、ここについて話しているんでしたよね」と、アジェンダを指し示しながら軌道修正します。いつもファシリテーターがやらなくても、気づいた人が「今、話がそれていますよね」と声をかけ、言われたほうも「あ、そうだったね、ごめんごめん」と言い合えるような関係性ができていれば最高ですね。

時間配分も書いておけば、「あと何分で終わりだな、急ごう」と、みんなが気をつけるようになります。その結果、会議も時間どおりに終わるようになるのです。

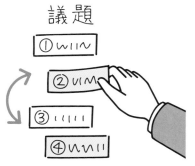

議題を大き目の付せんに書いておくと簡単に順番を変えられて便利！ A4 半分くらいの紙に書いてマスキングテープで貼るのも OK。

議題に☑を入れていくと、終わった議題がわかりやすい！

オンライン会議の場合

　Wordなどの画面を共有し、そこにファシリテーターが（板書係でもよい）発言をどんどん入力していきます。発言を記録するだけ

なら、チャット機能を使ってもいいでしょう。ホワイトボードの機能を使ってみんなで書き込むこともできます。

そもそも論ですが…

　会議を始める前に、今日の目的、ゴール、アジェンダを明らかにしておくことで、議論が方向性を見失うことはぐっと少なくなるはずです。P.28でも述べたように、しっかり会議準備シートを作り、会議の冒頭で、その日の目的とゴールを明言してから話し合いを始めましょう（会議準備シートの作り方はP.58 〜参照）。

　会議の途中で、アジェンダを見ながら「今、ここまで来ましたね」と進捗を確認しながら進めると、よりわかりやすくなります。

やってみよう！
会議の前に「今日の目的とゴールって何でしたっけ？」と聞いて確かめてみよう！

まとめ
・ホワイトボードを使って発言を見える化する
・アジェンダを共有し、軌道修正しながら進める

⑤なんだか話がかみ合っていないかも？

5つのチェックポイントで
交通整理をしよう

わかり合えていないから話し合う

　話し合いは、もともと「わかり合えていない」ことを前提とするといいかもしれません。わかり合うために、会議をするのです。たとえば「きちんと取り組む」と言われても具体的に何をどうするか、きちんとってどの程度か、イメージすることは1人ひとり違います。経験や価値観が違うからずれが生じるのは当たり前なのです。

　だからこそ、お互いの立場を理解し合い、どうとらえているのかを話し合って、少しでもかみ合うようにしていくのです。

　かみ合わない話をいかに軌道修正していくかは、ファシリテーターの手腕が問われるところです。経験を積みながら習得していく部分でもあり、難しいことですが、簡単なコツを紹介しましょう。

　話がかみ合わない原因には、大きくは次の5つがあります。

> ❶論点がずれている
> ❷論理が飛躍している
> ❸表現があいまいで具体性がない
> ❹事実と感想が混在している
> ❺根拠がない

❶論点がずれている

　論点とは、話のテーマのことです。今、何の話をしているのか、これをファシリテーターや参加者は常に意識しておきましょう。たとえば、「部署の懇親旅行の行先を決める」をゴールとして話し合いをしているとします。Aさんの意見は「予算やみなさんの嗜好から、近場で料理を豪華にするっていうのはどうですか。わが社（東京）からなら、静岡あたりどうでしょう」。Bさんは「料理を豪華にするのはいいね。そして、うちの部はノンアルコールの人も多いから、できる限り料理のほうに予算を割きたいね」という意見。すると、Cさんが「料理なら、アレルギーとかも聞いておいたほうがいいね」、Dさんが「ノンアルの人も多いよ」…。論点がずれ始めるきっかけです。今は、旅行の行先を決める話し合いのはずです。こうなるのは、ゴールを意識できていないことも多いですが、今までの話に納得していない、自分の意見をとにかく主張したい、など、会議のプロセスに何か違和感がある場合もあります。

ゴール:
部署の懇親旅行の行先を決める

近場で、料理を豪華にしたらどうでしょう。たとえば静岡とか。

料理を豪華にするのはいいね。

料理なら、アレルギーのことも…。

Aさん　　Bさん　　Cさん

❷論理が飛躍している

　たとえば、「テレワークの問題を洗い出す」というゴールに対し Eさんが、「生産性が上がらない（結果）のは、テレワークが増えたのが原因だ」と言ったとします。この発言には、原因と結果がありますが、理由がありません。これが、論理が飛躍しているという状態です。こういう時は、「論理が飛躍しているのでは？」と追及したり、「両者に何の関係があるのでしょうか」と詰問するのではなく、「その理由を教えていただけますか？」と柔らかいトーンで尋ねましょう。

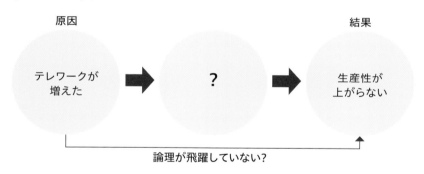

❸表現があいまいで具体性がない

　たとえば、Fさんが「組織の風通しをよくするべきだ」と言ったとします。「風通しをよくする」と言われても、具体的にどうすればいいか人によってそれぞれ考えが異なりますよね。こんな時、ファシリテーターはわかったつもりになってスルーせずに「風通しをよくするとは具体的にどういうことですか？」と突っ込みを入れなけ

ればなりません（しつこいですが、柔らかいトーンで！）。

　会議では他にも「意識改革が必要だ」「より充実する必要がある」「徹底するべきだ」など、あいまい表現がよく使われます。こんなフレーズを聞いたら、「具体的にはどういうことでしょうか」と聞くことを習慣にしましょう。

❹事実と感想が混在している

　この場合、「ちょっと確認したいのですが」などのクッション言葉をはさんで、「それは事実ですか？　◎◎さんの感想ですか？」と聞いて確認します。

❺根拠がない

　この場合も、「大変興味深いお話ですが」などのクッション言葉をはさんで「根拠はありますか？」と確認します。

　以上、５つのチェックポイントに気をつけるだけでかなり議論がクリアになります。目的は話をかみ合わせることで、相手を論破することではありません。穏やかな語り掛けを忘れないでください。

> **まとめ**
> ・かみ合わない議論は５つのポイントでチェックしよう
> ・軌道修正をする時には、相手を傷つけないよう優しい言葉で

⑥意見はいっぱい出たけどうまくまとまらない。
　結論が出ない。

意見の整理、構造化のスキルを身につけよう

　結論が出ない、意見がまとまらないのはそのためのスキルがないからです。逆に言えば、そのスキルさえ身につければ、会議を結論（合意形成）へと導くことができます。

発散と収束

　議論は、発散と収束を繰り返して結論に向かっていきます。結論を導くには、発散と収束をコントロールしましょう。

　発散とは、制限をせずにいろんな意見やアイデアを出すこと。たくさん出すことも大事ですが、それよりも、「くだらないかな」「つまらないかな」「たいしたことないかな」「ちょっとずれてるかな」「関係ないかな」…そんな意見を出しきることが重要です。

　収束は発散で出たアイデアを絞り込み選択することです。

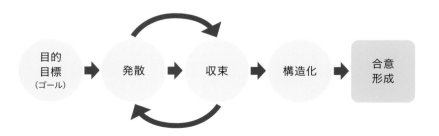

発散は可能性を開く時間です。発散には以下のようなルールがあります。

発散のルール

自由奔放	批判厳禁
一切の聖域や制限はなく、どんなアイデアでもOK	人のアイデアを批判したり評価してはいけません
便乗歓迎	**質より量**
アイデアを付け足して、発想を広げていきましょう	質の高いアイデアを生むには、量を増やすことが大事

　特に気をつけたいのは「批判厳禁」です。ある人が言ったアイデアに対し、「それは無理だ」「できるわけがない」などの批判や評価はしません。否定されると思うと、発言しようという気持ちはなくなります。どんなに荒唐無稽なアイデアでも、くだらない思いつきでも大歓迎。その意見に触発されて新たなアイデアが生まれるかもしれません。もう出ないというところまで出し尽くすのがポイントです。

出た意見を分類する

　アイデアの羅列だけでは意味がありません。せっかく出たアイデアを形にするためには、収束が必要です。
　収束に入るには「あーでもない、こーでもない」と、なかなか決

まらない「グローンゾーン」（Groan＝呻き）という段階があります。急ぎすぎず、「これはどうか」「いやこれもいいかも」と、モヤモヤしながら行きつ戻りつして、話しきると、方向性が見える段階があります。この時こそ収束へ向かうタイミングです。

　収束では、**①アイデアの取捨選択、②似たアイデアのグルーピング、③優先順位付け**を行います。このまま合意形成へと向かうこともありますが、発散が足りなければ再び発散の段階に戻ります。

フレームワークを使って構造化する

　上記の①アイデアの取捨選択、②似たアイデアのグルーピング、③優先順位付けに便利なのがフレームワークです。雑多なアイデアが出て収拾がつかなくなった場合は、フレームワークを使って構造化すると、頭が整理され、問題点や解決策が明らかになることがあります。以下に主なフレームワークを簡単に紹介します（詳しくは第3章で説明します）。

ロジックツリー

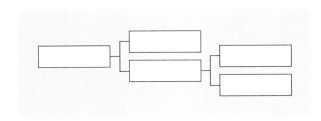

樹形図ともいわれるもので、ある事柄について大項目から中項目、小項目へと分解して階層化します。主従関係を表すのに向いています。

ベン図

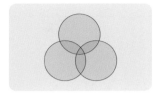

円が重なり合ってできる図形です。複数の集合を円で表し、円の重なったところは共通点です。ベン図を使うことで、共通点と相違点が一目瞭然になります。

フローチャート

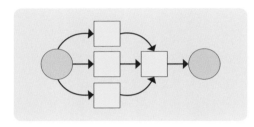

フローとは流れのこと。フローチャートは、物事の手順やプロセスを見える化します。作業やシステムの全体像や、因果関係が明らかになり、どこに問題があるかが見つかりやすくなります。

マトリクス図

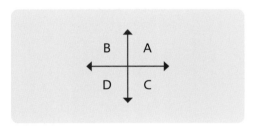

ある事柄について大⇔小、難⇔易のように対になる2軸で条件を4象限に分類し、検討対象となるものがどこに位置づけられるかを見える化するものです。

まとめ

・よい結論を出すには発散でたくさんアイデアを出す必要がある
・アイデアは出しただけではだめ。収束して絞り込む
・収束したら構造化し、結論へと導く

⑦結局何が決まったんだっけ？　この話、前もしたよな〜

まとめの習慣をつけよう

　何が決まったかわからないのは、最後にちゃんとまとめの時間を
とらないからです。

　この会議で何を話し合ったのか、何が決まって、何が決まってい
ないのか。決まっていないことはどうするのか。最後に改めてまと
めをします。「そんなこと、会議に参加した人はわかっているはず」
と思うかもしれませんが、その時は覚えていても案外忘れてしまう
ものです。だから、「結局何が決まったんだっけ？」となってしまい、
次の会議で同じ議論を繰り返したりしてしまうのです。これでは全
くの時間の無駄になってしまいます。

　会議終了の5分前になったらまとめに入る。これを覚えておきま
しょう。

まとめのポイント

・何を話し合ったか
・決まったことは何か
・決まらなかったことは何か
・決まらなかったことはどうするか
・次回までに誰が何をするか

議事録を作ろう

　会議の記録は、書いて形にしておくことが原則です。P.29で紹介した会議準備シートに要点を書き込むだけでもいいでしょう。

　話し合いの過程をホワイトボードなどで見える化していれば、議事録として使うことができます。

What、Who、Whenの３Ｗでまとめる

　会議の中で、次回までの宿題が発生することがあります。これも、最後に改めて念押ししておかないとなあなあになって、結局次回の会議にできていない、となりがちです。ポイントはWhat、Who、When。「何を、誰が、いつまでにやるのか」をはっきりすること。口頭で説明するだけでなく、書いて残すことが重要です。

　宿題の役割分担は、メンバーの中で相談しながら決めましょう。1人に負担が偏らないよう、ファシリテーターが状況に応じて関わることも必要です。ちなみに、役割分担がどう決まるかはチームの人間関係を知るヒントにもなるので、よく観察しましょう。

> まとめ
> ・会議終了の５分前になったら必ずまとめをする
> ・何が決まって何が決まらなかったか。決まらなかったことはどうするか、を確認
> ・宿題は What、Who、When を明らかに
> ・会議の内容は、議事録に残す

⑧決まったけれど誰がやるんだっけ？
結局実行されてない！

みんなが納得できる結論を導こう

みんなが当事者意識を持てるかどうか

　会議の最終目標は結論を出すことではなく、結論に沿ってメンバーが実行すること。実行されなければ会議は成功と言えません。ではどうすれば、実行してもらえるでしょうか。それは、参加者1人ひとりが当事者意識を持てるかどうか、つまり、決まったことを自分事だと思えるかどうかにかかっています。

　そのためには、会議の結論が、メンバーにとって納得できるものでなければなりません。

　「自分の意見が反映されなかった」「みんなが勝手に決めた」「リーダーの一存で決まってしまった」という結論では、納得がいかないし、「勝手にやれば？」という気持ちになっても仕方がありません。

納得できるプロセスでしっかり話し合う

　いろいろな考え方の人が集まる会議で、全会一致で物事が決まることはほぼありませんし、自分の考えが100％通ることはなかなかありません。それでも満足度の高い結論を導くコツは、いきなり多数決などの方法で1回で決めるのではなく、ボルダルールや多重投

票方などを使い絞り込みながら、プロセスを踏んでお互いの意見を聞き合い進めていくことです。詳しいやり方は第3章で説明します。

結論が出たら実行の仕方を確認する

決まったことが実行されない理由の1つに、やり方がわからないというのがあります。P.53で「誰が、いつ、何をするか」までは決まっているはず。さらに、どのようにするのか、やり方を確認しましょう。やるべきことを細かなタスクに分解し、大まかなスケジュールに落とし込んでいくと、やり方が見えてくるものです。

ボルダルール

ボルダルールの採点方法

	1案	2案	3案
Aさん	2	3	1
Bさん	3	2	1
Cさん	3	2	1
合計	8	7	3

複数の案がある場合、全ての案に対して、1位＝3点、2位＝2点、3位＝1点の得点をつけ合計点で決める方法です。まんべんなく支持を集めた案が選ばれることになり、多数決よりも納得感があります。

多重投票法

1人5票など複数の票を持ち、投票します。票が少ない案は外して再投票します。多数の案を絞り込む時に便利な方法です。

1人5票の持ち点から投票。付せんを使ってもよい。

ファシリテーションの自主トレ法

　ファシリーションの流れやフレームワークを学んでも、実際にできるかというと難しいと感じるかもしれません。

　そんな時は、会議や話し合いに参加している時に、「今はファシリテーションの発散かな？　収束の場面かな？」と、当てはめながら参加したり、「今の議論をフレームワークにあてはめてみたらどうなるかな？」と自分のノートに書いてみる。人に見せるためでなく自分のために、"ひとりアジェンダ"を書いておくなどの自主トレ法をおすすめします。

　慣れてきたら実際の会議でも、「今は発散ですね」「こういうフレームワークにあてはめたらどうでしょう」と提案してみる。「こんなふうにアジェンダをつくってみたんですけど」と紙を見せたり、ホワイトボードの隅に書かせてもらったりする。

　こうやって、少しずつ"ファシ
リテーションのようなもの"をやっていくうちに、周囲の人も、「そうしてくれるとわかりやすい」「会議の流れが見えやすくなった」と実感してくれますし、いざ、ファシリテーターとして前に立つ時も、理解が得られやすいのではないでしょうか。

第 2 章

会議準備シートを作ってみよう
〜会議の成否は準備で決まる

準備の中でも最も重要な、目的、ゴールの設定、
論点設定、流れの作り方を学びましょう。

【1】会議準備シートを作ろう

なぜ会議準備シートが必要か

　第１章でも述べたように、話し合いを成功させるためには準備が8割。会議がうまくいかない原因の多くは、準備不足によるものなのです。ではどのような準備をすればいいのでしょうか。

　右ページのフォーマットは私が会議の前に必ず作っている「会議準備シート」です。このシートには、「会議を何のためにやるのか」「この会議で何を得たいのか」「そのために、どのように話し合いを進めるのか」といった、会議のために必要な要素がすべて詰まっています。これをしっかり事前に作っておくことで、会議のイメージが明確になり、自信をもって会議を進められますし、途中で横道にそれたり、方向性を見失ったりすることが激減するはずです。あらかじめ時間配分をしておくことで、だらだらと会議が長引くこともなくなるでしょう。

　頭の中で考えているだけでなく、紙に書いて可視化することが重要です。多少時間はかかっても、この準備をするかしないかで、会議で得られる成果は大きく異なります。

　ではどのように埋めていけばいいのでしょうか。次ページ以降で詳しく説明します。右ページの会議準備シートをダウンロードして、実際に書き込みながら学んでいきましょう。

会議準備シート

タイトル	2023 年度　ダイバーシティ推進プロジェクト　ミーティング		
日　　　時	2 月 22 日 (水) 13:00~14:00 (60 分)	場　　所	第一会議室
会議の種類	伝達 ・ 調整 ・ 検討 ・ 解決		
出　　席 メンバー	竹本、佐藤、鈴木、田中、山口、石川 (F)、山本 (FG)		
欠 席 者	渡辺		
目　　　的	今年度のダイバーシティ推進を考える		
目　　標 (ゴ ー ル)	今年度のダイバーシティ推進のための取り組みを決定する		
本 日 の ル ー ル	・今ここに集中（スマホは出さない）・全員話せるようにする　・話を積極的に聴く		

アジェンダ		
時　　　間	かかる時間 （分）	議題
12:45	15	入室可能時間
13:00	5	会議開始　ゴール・議題・ルールの確認
13:05	10	チェックイン：前回からの進捗と伝えておきたいこと
13:15	5	① 前提の確認 昨年までの取り組みの経過確認
13:20	15	② 課題出し 各部門の課題を出しきる
13:35	15	③ 重点課題を絞る 課題の中から重要度と緊急度の高い取り組みを１つ選ぶ
13:50	5	④ 進め方を決める 取り組みのリーダーや役割を決める。
13:55	5	結論・アクションプランの確認
14:00		終了

決 定 事 項 誰 が ・ 何 を い つ ま で に	
次 回 ま で に す る こ と	
準　備　物	付箋 75 × 75 (4 束) 模造紙 (2 枚) 水性太ペン黒、青、赤 (各 3 本)
備　　　考	・前回やることで決まった各部門で困っていることをヒアリングしておく

「会議準備シート」は、左の QR コードを読み取るか、下記の URL を入力してダウンロードしてください。
https://www.mates-publishing.co.jp/business_facili/
※サーバーのメンテナンス等によって、当該ウェブサイトにアクセスできない場合がございますのでご
　了承ください。
※ウェブサイトやプリンターの操作方法、設定に関するお問い合わせは致しかねます。
※シートの無断転載や再配布、営利目的での利用はお断りします。

【2】基本情報を埋めよう

何の会議か、メンバーは誰が必要か

　では、実際に「会議準備シート」の空欄を埋めていきましょう。

・会議のタイトル

　何のための会議か、タイトルを書きましょう。

・日時、場所

　会議を開催する日時と場所を記載します。オンラインの場合は入室するアドレスを記載します。

・会議の種類

　選択肢（伝達・調整・検討・解決）のどれに当てはまるかを書きます。会議の種類には主に、**①伝達のための会議、②調整のための会議、③検討のための会議、④解決のための会議**があります。これらは組み合わせて行われる場合もあります。

　「何のための会議か」があいまいだと、参加者もどういう立場で参加したらいいのかわかりません。会議でより高い成果を出すためには、まずファシリテーターが、この会議は何のための会議かを理解し、会議準備シートに記載して、会議に臨む際にはメンバーにも周知することが大事です。

会議の種類によって、進め方、必要なメンバー、かける時間も異なります。たとえば、伝達のための会議であれば決まっていることを連絡、報告するだけですから短い時間で終わるはずです。解決のための会議であれば、たくさんのアイデアを出し合意形成をしなければなりませんから、時間は長くなるでしょう。

会議の種類

①**伝達**	上位方針の説明や各部署の報告を共有する。連絡会議とも言う
②**調整**	スケジュール調整や作業の段取りを打合せる。ミーティングとも言う
③**検討**	ある課題に対して、前提の確認や情報収集を行う
④**解決**	問題や課題について話し合い、結論を出し、方向性を示す

・会議のメンバー

　伝達のための会議であれば、その情報に関係のある人は全て参加する必要があります。解決のための会議であれば、その課題に直接関わりがある人たちが、意思決定のための会議であれば、意思決定権のある人がメンバーに入っていたほうがいいでしょう。「この会議は何のための会議か」をよく考えて、その場に合った人選をし、来て欲しい人にどんなご案内を出すか考えましょう。

まとめ
・会議の種類を明確にしよう
・メンバー選びも慎重に

【3】目的とゴールを設定しよう

目的・目標（ゴール）なき会議は不毛

　会議準備シートの中でも最も重要なのが、目的と目標（ゴール）。この本では、**「会議で最終的に目指すこと」を会議の目的**、**「今回の会議が終わったあとにどうなっていたいか、どこまでたどりつきたいか」を会議のゴール**とします。

なるべく具体的な目標を設定する

　会議がうまくいかないのは、目的やゴールがはっきりしていないから。最初に会議の目的やゴールを明言ましょう。

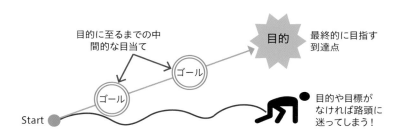

　また、ありがちなのが「○○の件」「○○について」といった漠然とした目的やゴールです。これではメンバーの目線や立ち位置がそろわず、議論がかみ合いません。たとえば、「心理的安全性の高い職場づくりについて」がゴールだとすると、「そもそも心理的安全

性とは何か」「今はそれよりも重要なテーマがあるのでは」「残業が多いのが問題だ」など、ある人はそもそも論、ある人は目先の問題点、というふうに、参加者がバラバラな視点から意見を述べ、混乱が生じてしまいがち。「○○について方向性を出す」「○○のコンセプトをまとめる」など、なるべく具体的な目的を設定しましょう。

　心理的安全性の例で言えば、「心理的安全性の高い職場づくりで取り組むテーマと実行計画を決める」くらいまで具体的だと、話し合うべき焦点がはっきりします。この目的に対するゴールも、「今の職場の現状を整理する」「現状の何が問題なのかを洗い出す」「いつまでに何をやるのかを決める」など、具体的に書きましょう。

　できれば、「○○のアイデアを100個出す」など、数値目標を入れると、よりゴールが明確になり、「あと○個だ」と励みにもなります。

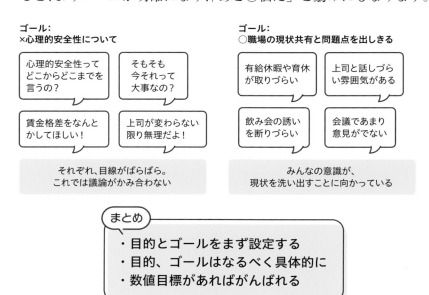

ゴール:
×心理的安全性について

- 心理的安全性ってどこからどこまでを言うの?
- そもそも今それって大事なの?
- 賃金格差をなんとかしてほしい!
- 上司が変わらない限り無理だよ!

それぞれ、目線がばらばら。これでは議論がかみ合わない

ゴール:
○職場の現状共有と問題点を出しきる

- 有給休暇や育休が取りづらい
- 上司と話しづらい雰囲気がある
- 飲み会の誘いを断りづらい
- 会議であまり意見がでない

みんなの意識が、現状を洗い出すことに向かっている

まとめ
- ・目的とゴールをまず設定する
- ・目的、ゴールはなるべく具体的に
- ・数値目標があればがんばれる

【4】話し合いの流れを作ろう

議題（問<small>とい</small>）の設定がキモ

　前項で、目的とゴールの設定が大事だということは理解しましたね。その次に大事なのは、アジェンダ（流れ・議題）です。

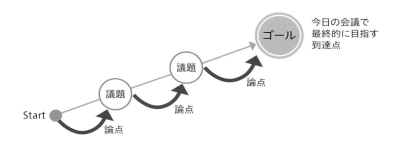

事前に話の流れを考えておく

　あなたが会議の進行役になった場合、頭の中で「まず、Aについて話し合い、その結果を受けて次にBについて検討し…」と考えているのではないでしょうか。それこそが、アジェンダです。ぶっつけ本番では思ったとおりに話が進まなかったり、頭がパニックになって次に何を言えばいいかわからなくなったりしがちです。だから、事前にアジェンダ（流れ・議題）を設定し、どのような流れで議論を進めるかを想定しておくのです。これをするかしないかが、会議の成否の分かれ目です。具体的な例を見てみましょう。

> 目　的：臆することなく話し合いができる職場環境づくり
> ゴール：今の職場環境の現状を共有し、問題を出しきる

に対し、次のような議題が考えられます。

基本形

> 議題①今の働き方で困っていることは何か（問題点）
> 議題②その問題を引き起こす原因は何か（原因）
> 議題③どうやったら解決できるか（解決法）
> 議題④具体的に何にどのように取り組むか（具体策）

このように、なるべく具体的な議題を設定し何をどのように話し合うかまでを事前に決めて、会議準備シートに書いておきます。議題の論点は何か？　を考えておくことも必要です。**論点とは議論の中心となる問題点のこと**。論点のない議題はありません。

　議題設定は、慣れないうちは難しく感じますが、大きくは前述の基本形と次の３つのパターン、あるいはそれらの変形型に集約されます。

①時系列型

> 議題①過去の取り組みはどうだったか
> 議題②現状の課題は何か
> 議題③未来に向けて取り組む優先課題は何か
> 議題④具体的に何にどのように取り組むか

②未来志向型

議題①うまくいっていることは何か
議題②なぜうまくいっているのか。何が力を与えているのか
議題③望ましいことは何か。どんな可能性があるか
議題④どうやって実現するか（アイデア出し）。何を目指してどのように取り組むか

③企画会議型

議題①前提条件、類似事例などの情報共有をする
議題②できるだけアイデアを出す
議題③アイデアを絞り込み、コンセプト化する
議題④コンセプトをもとにイメージを具体化する

　ポイントは、1つの議題に1テーマとすること。あれもこれも詰め込むと議論が錯綜し、何を話していたのかわからなくなります。また、議題に飛躍がなく①→②→③→④と自然につながっているか、話が前後していないかも確認しましょう。

　議題は、会議を始める前にメンバーに共有し、「これでいいですか？」と確認すること。「それよりも○○について先に話すべきだ」など異論があれば、その意見についてまた他のメンバーに確認し、同意を得て進めていきます。違和感を指摘された場合に備えて、複数の議題を用意しておくとより良いです。

例（1）未来志向型の変形

目　的	職場の心理的安全性を高めるために、私たちのチームで今年度取り組むテーマを決める
ゴール	心理的安全性の高い職場のためにするべきことを洗い出す

議題①	私たちの職場において、心理的安全性の高い職場とはどのような職場か？
議題②	職場の心理的安全性の高い時と低い時、具体的にどのような場面で感じているか？
議題③	職場の心理的安全性を高めるために必要なことは何か？
議題④	職場の心理的安全性を高めるためにどこから取り組むといいか？　それはどうしてか？

例（2）基本形の変形

目的	当部署における、テレワークの導入について、どのようなルールが必要か考える
ゴール	テレワーク導入に関する懸念事項を洗い出し、どのようにして解決するかを考える

議題①	テレワークを導入することで、どのようなメリットがあると考えられるか？
議題②	テレワークを導入することで、考えられるデメリットはどのようなものがあるか？
議題③	テレワークを導入した場合のデメリットを解決するにはどうすればよいか？
議題④	具体的に、どのような仕組みを作ればよいか？

まとめ
- ・議題の３つの基本形を知っておこう
- ・議題はシンプルに、飛躍のない流れで

【5】時間配分をしよう

だらだら会議にさようなら

5分刻みで時間配分を決める

　会議全体の流れが決まったら、それぞれにどのくらい時間をかけるか、時間配分を決めておきましょう。ざっくり「議論30分」ではなく、「議題①10分、議題②15分…」というように、5分刻みで内訳も書き、時間内に終わることを原則とします。30分の会議でも1時間の会議でも同様です。

　ただし、がちがちに時間配分をすると焦って結論を出そうとしてしまいます。そうではなく、あくまでも目安と考えてください。

　たとえば、「まだまだ発散で意見が出ていますね、時間はあと2分です。どうしますか？」「あと5分延長しますか？」「今日は思い切って発散で出し切って、決定は次回にしますか？」など、軌道修正はありです。それを確認する目安として時間配分を活用しましょう。

時　　　間	かかる時間 （分）	議題（アジェンダ）
12:45	15	入室可能時間
13:00	5	会議開始　ゴール・議題・ルールの確認
13:05	10	チェックイン：前回からの進捗と伝えておきたいこと
13:15	5	①　前提の確認 昨年までの取り組みの経過確認
13:20	15	②　課題出し 各部門の課題を出し

ホワイトボードに書いて共有する

　ファシリテーターだけでなくメンバー全員が、時間配分を共有することで、「時間どおりに進めよう」という気持ちが働きます。

　時間配分をホワイトボードに書いたり、プロジェクターで表示して、「今、論点③まで進みました」と、要所要所で注意を促すとより効果的です。

　もし進行が遅れ気味なら「今、10分押してますよね」と促したり「今日は論点③までにして論点④は次回に議論しますか？」など、軌道修正しながら進めていきます。

　役割（ロール）設定（P.70参照）で、タイムキーパーを決めておいてもいいでしょう。

やってみよう！
時間配分を紙に書いて、見えるところに貼ってみよう！

まとめ
・あらかじめ時間配分を決める
・ざっくりではなく5分刻みで
・会議中は時間配分を共有し、時間をチェックしながら進める

【6】役割（ロール）を決めよう

得意な人に任せることで参加意識を高めよう

　会議では、ファシリテーターが全体の進行をしつつ、ホワイトボードに発言を記録し、時間配分にも注意し、あまり発言をしていない人がいれば意見を求めたり、議論が横道にそれそうになったら軌道修正したりと、1人何役もこなさなければなりません。

　何でも1人でやるのは無理、と思ったら、得意な人に任せましょう。全部1人でできるという人も、敢えて他のメンバーに任せたほうが、任された人も「頼りにされている」と自信になりますし、ただ座っているよりも参加意識が高まります。

必要に応じて役割を設定する

　役割としては以下のようなものがあります。状況に応じて分担するといいでしょう。

・ファシリテーター（Fと表す。話し合いを進行する）
・タイムキーパー（時間どおりに進むよう促す）
・グラフィッカー（GFと表す。ホワイトボードに議論の内容を記録する。議事録を作ることもある）

　板書の内容は会議の進行を大きく左右するので、本来はファシリ

テーターがしたほうが望ましいです。

　人にお願いする場合は、ファシリテーターが発言者に「今の発言はこういう意味ですよね？」と確認した上でグラフィッカーに書いてもらうように、進めましょう。

　会議によっては、書記役を立てることもありますが、グラフィッカーが会議の内容を記録していくので、なくてもいいと思います。

役割は固定化しない

　役割分担は、毎回同じ人ではなく、ローテーションしましょう。他人の役割を自分もやってみることで、人の大変さがわかり、「もっと協力的にしよう」と意識するようになります。

　これを繰り返すうちに、1人ひとりがファシリタティブ（ファシリテーションの意識を持って参加する関わり方）に関わるようになっていくのです。

やってみよう！
できそうな役割を
自分からやってみ
よう！

まとめ
・敢えて人に任せることで参加意識を高める
・役割をローテーションすることでファシリタティブな態度を
　育む

【7】ルールを決めよう

みんなで決めてみんなで守る

「意見を言うと否定される」「いつも1人で長々と話す人がいる」「人の話をちゃんと聞いてくれない」。こういう人がいると、会議が気持ちよく進みません。かといって、「やめてください」と注意もしづらい。そんな時には、あらかじめ「ルール」を設定しておくと便利です。たとえば「発言は1人1分以内」とルールに明記していれば、参加者も話し過ぎないように気をつけるでしょう。

悪気はなくても、夢中になると時間を忘れることもあります。そのような場合は、さりげなくルールを書いた紙を指差したり、手を回して「巻きで！」というジェスチャーをしてもいいでしょう。笑いが生まれて場がなごむかもしれません。それでも難しい時は、「ルールでしたよね」とやんわり伝えても、相手も気を悪くしないでしょう。

こんな会議にしたいという想いをルールにする

「ルール」を設定するためには、どんな会議にしたいか、みんながどんなふるまいをすればよい会議になるか、そのためにはどんなルールがあれば良いかを考えましょう。

私がよく使う基本ルールは、以下のようなものです。

①発言は短く何度も

（全員が話せるよう一人が長くしゃべらず、短い発言を何度もする）

②相手の話に耳を傾けましょう

（「次に何を言おう」と考えて人の発言を聞かない人が多いため）

③違う意見から何が発見できるか探求しましょう

（人と違うことを言うのを恐れたり、自分とは違う意見を拒絶したりしないため）

④1人ひとりを尊重しましょう

（人の意見を「違う」と否定せず、「そういう考えもあるね」といったん受け止め、尊重したいため）

一方的にルールを押し付けない

　ルールは、ファシリテーターが事前に考えますが、一方的に「これにします」ではなく、「これでいいですか？」と、確認します。みんなで決めたルールなら、みんなで守ろうという気持ちになれます。

　ルールという言葉がきつい場合は、「おやくそく」とひらがなで書いてみたり、「エチケット」という言葉で表現するなど相手や場面に応じて言葉を考えることも大事です。

やってみよう！
「会議のルールをつくりませんか？」と提案してみよう！

まとめ
・ルールは会議を気持ちよく進めるために決めたお約束
・一方的に押し付けずみんなで合意する

【8】会議の場づくりをしよう

机の配置を侮らない

　会議室に入って、元の机の並びのままで話していませんか？　活発に議論を行うためには、机の配置はとても重要です。

　たとえば広い会議室で、大きなロの字型に机が並んでいる場合、大人数で、伝達会議をするのであれば問題ありませんが、対話や議論をする場合、相手との距離が遠すぎて議論が盛り上がりません。距離の遠さは心の遠さにつながります。打ち解けて話すには適度な距離感があるのです。

　机を向かい合わせにくっつける、2～4人ずつの島になるように配置するなど、人数に合わせて配置を考えましょう。5人の島にすると、1人だけお誕生席になって遠い印象になりがち。3人と2人で向かい合ってテーブルを囲むといいでしょう。

　ホワイトボードを前方に置き、板書しながら会議を進める場合は、誰からもホワイトボードが見えるように配慮しましょう。

　会議の内容によっては、お茶やお菓子を用意して、飲食しながら会議をすると気持ちがほぐれて和気あいあいと話ができます。参加者が遠慮しないよう、ファシリテーターが「今日はお菓子を食べながらざっくばらんに話し合いをしましょう」と促すといいでしょう。

机を並べる時のポイント

- 距離が離れすぎると熱量が伝わりません。机の距離を近くしましょう
- 全員がホワイトボードを見られるように机を配置しましょう
- 互いの顔が見えるように机を配置しましょう
- ハイブリッドの時は、オンラインの人とも互いに顔が見えるようにしましょう
- 椅子だけ並べたほうが発言しやすくなる場合もあります。本当に机が必要か考えましょう

円卓型

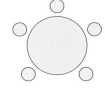

円は誰もが同じ距離感で全員の顔が見えるので発言も公平性が担保しやすい

コの字型

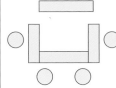

死角ができず、全員がホワイトボードを見ることができる

シアター型

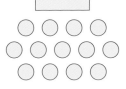

報告型会議など、1人のプレゼンターの発表を全員で聞く場合など

島型

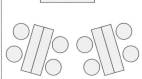

グループに分かれて議論する場合など。全員がホワイトボードを見られるよう机を斜めに配置

まとめ

議論がはずむ会議の場所のポイントは、
- 人数に合わせた広さに
- 参加メンバーの距離が離れすぎない
- 互いの顔が見えるように机を配置

会議ルールの考え方

気持ちよく会議を行うために、ルールを設定しましょう。

P.72でも紹介しましたが、ほかにも私がよく使うルールを紹介します。

○オフライン・オンライン共通

時間を守りましょう

積極的に目も耳も傾けましょう

１人ひとりを尊重しましょう

○オンラインの場合

話し合うのでビデオ・マイクは原則オンで！

開始５分前にログインしましょう

リアクションは大きめに

名前を言ってから発言しましょう

ルールを決めるために会議を開くのも一つの方法です。メンバーで「どんなルールがあればいいか」発散をして、その理由を聞くことで、会議の問題点に気づくことができます。

また、ルールを決める段階からメンバーを巻き込むことで、その後のプロジェクトをメンバーが自分事としてとらえることができるようになります。

第 3 章

実際にファシリテーションを
してみよう
〜まずは型に沿って進めてみる

この章では、事前に作った会議準備シートに沿って、
実際に会議をするつもりで学んでいきましょう。

基本的な流れを頭に入れておこう

　会議には、ある程度決まった流れがあります。その流れを頭に入れて、慣れないうちは、型通りに進めていきましょう。

【1】
オープニング

・目的、ゴール、進め方の説明
・チェックイン

【2】
情報共有

・前回までの振り返り
・前提条件の説明
・昨年の取り組み、事例情報など

【3】
議論

・論点に沿って議論をする
・発散と収束を繰り返しながら
　結論へと向かっていく

【4】
クロージング

・まとめ
・振り返り

【1】オープニング①さあ！　いよいよ会議のスタートです！

会議の目的・ゴール・進め方を確認する

　オープニングの目的は主に、**①何のための会議か、どのような流れで進むのか、会議の全容を参加者に周知すること**、**②人間関係をつくり話しやすい雰囲気を作る**ことの2つ。まず①について説明します。

何のために集まったのか、はっきりわかるように伝える

　会議室に入り、メンバーがそろったら、最初にするべきは、「これから○○会議を行います。会議の目的は、◇◇、ゴールは◎◎です」と、端的に、会議の目的とゴールを発表することです。なんとなく「さあ始めましょうか」とやってしまうと最後までメリハリのない会議になってしまいます。最初に、参加メンバーたちに「何のために集まったのか」を宣言することで、会議モードにスイッチが入ります。

　目的やゴールは、「会議準備シート」に記入しているはずですね。これに沿って発表していくだけです。議題と時間配分も発表しましょう。会議前にあらかじめメンバーにメール添付などで配っておくと、メンバーも心の準備ができます。

　ホワイトボードにも、目的、ゴール、議題を書いておくと、参加

者は会議中に常に確認することができ、方向性を見失わずにすみます。

　注意してほしいのは、「今日のゴールは○○です」と一方的に宣言しないこと。「今日のゴールは○○にしようと思いますが、これでいいですか？」と聞いて、必ず1人ひとり意思表示をしてもらいましょう。「これでいいですよね」という聞き方は、反対意見があっても言いづらくさせてしまうので、避けます。もし、「○○よりも◇◇から議論したほうが良い」など意見が出た場合も、「こういう意見が出ましたが、どうしますか？」と確認します。

　いちいち面倒だと思うかもしれませんが、ファシリテーターが仕切るのではなく、みんなでいっしょに考えていきましょうという姿勢を示す意味でも、大切なプロセスです。

ルールや約束事を確認し合意をもらう

　会議の流れを説明したら、あらかじめ設定したルール（P.72を参照）も発表します。みんなが気持ちよく会議を進めるために設定したルールであることを説明し、「このルールでいいですか」と、参加者の同意を得ます。毎回のことなら、ルールを紙に書いて貼って「いつものルールを守っていきましょう」と言うだけでもいいでしょう。

まとめ

- なんとなく始めない
- 目的、ゴールを明言する
- 一方的に発表するのではなく、必ず同意を得る

【1】オープニング②話しやすい雰囲気を作りましょう！

この場に入る準備を整える（チェックイン）

　チェックインとは、オープニングの2つ目の目的、「人間関係をつくり話しやすい雰囲気を作る」ために行うものです。また、「今、ここ」に気持ちを切り替えるためにも必要です。主に、自己紹介や、ファシリテーターが投げかけたテーマに沿って短いコメントを発表することが多いです。簡単なワークをすることもあります。アイスブレイク（氷を解かすという意味から転じて、緊張をほぐし場を和ませること）ともいいます。短くてもいいので全員が必ず何かを話すことが大事です。お互いの人となりを知ることができますし、最初に口を動かすことで、後の議論でも言葉が出やすくなるからです。

お互いの今の状態を確認して信頼関係をつくる

　チェックインは、メンバーが初対面同士なら自己紹介から始めます。名前、所属、趣味などの項目を決め、1人が長く話し過ぎないよう注意した上で話してもらいます。席順に当てるとスムーズでいいのですが、あとの順番の人は頭の中で話す内容を考えて人の話を聞かなくなりがち。そうならないよう、私は、ランダムに当てる、発表した人が次の人を指名するなどの方法をよく使います。

　トップバッターは慣れた人、意図をわかってくれる人、あるいは「準

備のできた方からどうぞ！」と言って挙手してくれる人からスタートすると、見本ができ、あとの人が言いやすくなります。チェックインでは、発言しやすいテーマを選びましょう。

　私は「今の気分をお天気で言うと？　その理由は？」と聞いて状態を確認したり、「今気がかりなこと」を聞くことが多いです。みんな、家庭、体調、仕事など気がかりがあるものです。それを言葉にしてアウトプットすることで、いったん脇に置くことができますし、周囲も「○○さんは今日、体調が悪いのだったな」と事情を理解でき、互いに優しい気持ちになれます。ちょっとした自己開示の習慣もつきますね。

会議の目的に合ったチェックインができればベスト

　チェックインのテーマは何でも良いわけではありません。メンバーの顔ぶれや、後の議論との関連も考えて設定しましょう。たとえば、多様なアイデアを集めたい会議の時は、最近のちょっとした（ちょっとしたを入れるのがコツ）良かったこと・新しい出来事・面白いと感じた出来事、びっくりしたこと、気になっていることなどを聞くといいでしょう。いきなりチェックインで「何か面白いアイデアを言ってください」となど、ハードルの高い質問はしないほうがいいでしょう。

一言アドバイス

最初はファシリテーターも緊張するものです。そんな時は、「ちょっと緊張しているみたいなのでよろしくお願いします」など、自分の緊張を伝えてしまうのも一案です。

【2】情報共有〜みんなの意識をそろえましょう！

スタートラインを合わせるために必要な情報を共有する

　メンバーの知識や社歴の違いなどで情報量や質が違う場合があります。その差をなくすために情報共有を行います。議論を活性化するために役立ちそうなデータや資料を共有することもあります。

前回の振り返り

　前回欠席した人のために、前の会議の内容を簡単に振り返ります。1週間も経つと案外内容を忘れるものなので、出席していた人にとっても振り返りはありがたいものです。前回話した内容に戻って同じ話をしてしまわないように会議を進めるためにも振り返りは必要です。

変えられないことと変えられることを確認

　予算や仕様など、すでに決まっていて動かせない条件や、制約条件などを確認します。変えられること、変えられないことをあらかじめ共有することで、無駄な議論をしなくてすみます。この時、「これは本当に制約なのか？」と問い直すことも大事です。

議論を深めるための情報共有

　議論に必要な資料などは、事前に配布して目を通してもらうのが理想ですが、なかなかできない人もいます。最初に資料に目を通してもらう時間を設け、気になることを近くの人と話をして共有する時間を入れると、その日の話し合いのスタートラインを整えることができます。

一言アドバイス

　会議に遅刻して申し訳なさそうにそっと入室する人をよく見かけます。しばらくは様子がわからず議論も傍観するだけ。このような場合、ファシリテーターは、「○○さん、お疲れ様です」などと声をかけ、「今、どこまで進んでいるのか」を伝えてあげることが大事です。ファシリテーターが声をかけることで、遅れてきた人は「無視されていない」「参加していいんだ」と安心できます。状況確認は、遅れた人のためだけでなく、参加者が頭の中を整理するためにもなります。

　きりがいいところで、その人だけチェックインをしてもらってもいいでしょう。オンラインの時は、まずチャットで「○○さんお疲れ様です。今ここを話しています」と伝えておいて、きりのいいところでチェックインの一言をもらうといいでしょう。

まとめ

・参加者のスタートラインをそろえるために情報共有をする
・議論が活性化するための情報を提供する

【3】論点の確認〜さて、今日は何を話しましょうか？

今日何を話すかを示す

　オープニング、情報共有が終わったら、いよいよ会議の核心である議論のスタートです。しかし、いきなり議論に入るのではなく、議題と、時間配分を説明します。「これで進めていいですか」と、合意を得た上で「では、議題①の○○○について20分間、意見を出し合いましょう」と宣言して始めます。なんとなく始めるのではなく、明確に始まりを示すことで、メリハリのある会議になります。

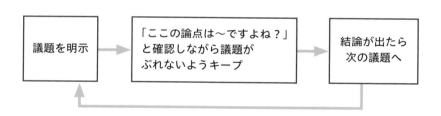

　途中で論点がずれないように気をつけます。ただし、余談が良いものを生むこともあるので、少々ぶれても大らかに受け止めることも必要。ガードレールを広くとるのか狭くとるのか、ファシリテーターが場を見極めながら進めます。

　ガードレールから大きく外れた時は、「ちょっと戻りましょうか」と確認しつつ、ガードレールの内側に戻るように促します。

1つの議題が解決したら次の議題へ

　結論が出たら、「議題①については、○○○に決定でいいでしょうか」と確認します。☑マークをつけて進捗を見える化するのも効果的です。「では議題②に進みます。◎◎◎について15分で意見を出し合いましょう」と、1つひとつ言葉で確認しながら、議論を進めていきます。こうすれば、確実に議論は前進していきます。

一言アドバイス

　結論が出たら、ホワイトボードに赤ペンで決まったことを書きます。あるいは「この意見に決まりました」と意見を赤丸で囲むのでもいいでしょう。会議のあとは、赤ペンで記したところを見れば、何が決まったのか一目瞭然になります。

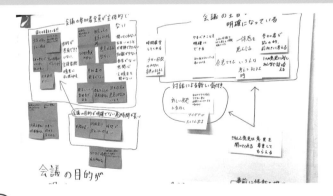

まとめ
・議論を始める前に、議題と時間配分を明確にしておく
・一つの議題の結論が出たら、確認して次の議題に取り掛かる

【4】活発に議論をする①アイデアを出し尽くそう！

発散と収束を繰り返して結論を導こう

　議論は、発散と収束を繰り返して結論に向かっていきます。発散とは、できるだけ多くの意見やアイデアを出すこと。収束とは、発散で生まれたたくさんのアイデアを取捨選択して最適解を選び出すことでしたね。

発散と収束をきちんとすみわけよう

　発散と収束は、より良い結論を導き出すために有効な方法ですが、それがうまくいかないことがあります。よくある原因は、今は発散の時間なのか、収束の時間なのかがわからなくなること。発散の時は、自由奔放、批判厳禁、便乗歓迎、質より量でしたね（P.48参照）。発散の時に、意見を批判したり評価したりされると、みんな批判を恐れて発言しにくくなり、アイデアが出なくなってしまいます。良い・悪い、できる・できないなどの判断はアイデアを出し切って収束の段階に入ってから、ということを忘れないようにしましょう。

　発散と収束が混在しないために一番良いのは、「今から発散の時間です」「ここからは収束に入ります」など、最初に宣言することです。もし、発散の時に人の意見を批判する人がいたら「今は発散の時間なので、評価はあとの収束の時間にしましょう」とファシリテーターが優しく

注意をしましょう。

　収束に移る時には、「意見は出し切りましたか？　収束の時間に入っていいですか？」と確認します。まだ意見が出そうという時は、メンバーに確認の上、進行を変更することもあります。この見極めは難しいですが、残り時間やゴールを確認しながらメンバーに問いかけメンバーの様子をみて判断しましょう。

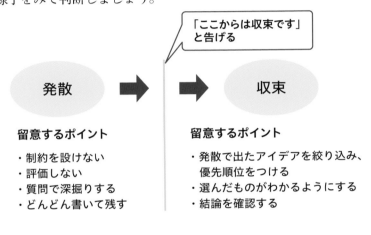

十分に発散しないとよい収束はできない

　早く結論を出したいと焦るかもしれませんが、十分に意見が出尽くさないと、あとの収束もうまくいきません。意見が出尽くせば、自然と「そろそろ収束しよう」という空気になるものです。

> **まとめ**
> ・発散と収束を明確にすみわける
> ・発散はアイデアが出尽くすまで時間をかける

【4】活発に議論をする②話しやすい場づくりが大事！

安心して意見を言える場を作ろう

　活発な意見の出る会議にするためには、安心して意見が言い合える場づくりが大事です。そのためのポイントを紹介します。

みんなが発言の機会を得られるよう工夫する

　たくさん発言した人ほど会議の満足度が高いというデータがあります。できるだけ多くの人が発言できるようファシリテーターは心を配りましょう。1人が長く話して他の人が話せなくならないよう「発言は短く」などルールにしておくといいでしょう（P.72参照）。人からの批判は、発言のモチベーションを下げてしまいます。「人の発言を否定しない」などをルールに入れてもいいでしょう。

事前の情報共有で知識を補強しておく

　前提知識がなければアイデアが広がらないものです。発想が広がるように、必要な情報を事前に提供しておきます（P.85参照）。事前に資料を渡して会議当日までに目を通してもらったり、関連データを集めておくことを宿題にしてもいいでしょう。

４つの不安をなくす

　意見が出ないのは、メンバーの心の中に４つの不安（P.31参照）があるから。ファシリテーターは、不安を取り除くよう「ちゃんとした意見でなくていいですよ」「ちょっと思い浮かんだことや感想でもかまいませんよ」など、ハードルを下げる声掛けを心掛けましょう。

　「あまり発言していないな」「何か言いたそうだな」という人がいたら「私は、何か言いたそうに見えたのですが…」と声をかけて発言してもらうようにしましょう。小さな視線の動きや顔の向き、表情やしぐさなど、参加者をよく観察していると、言いたいけれど言えない人はわかるものです。発言に対しては、「なるほど！」「おもしろい見方ですね！」など、前向きなフィードバックをすると、発言へのハードルが下がります。

　傾聴・承認も、発言を引き出すために重要で、ファシリテーターの基本中の基本のスキル。これについては第4章で述べます。

やってみよう！
「いい意見ですね！」と、舞台俳優になったつもりで、リアクションを大きくしてみよう！

一言アドバイス

発言しやすい雰囲気を作るための発言集
「何でもいいですよ」「まとまっていなくてもいいですよ」「思いつきでもいいですよ」「なるほど！　いいですね」「そういう考え方もあるんですね」

91

【4】活発に議論をする③グループサイズも大事なんです

人数の工夫で意見を活性化！
発言は少人数から大人数へ

　大人数での会議で、手を挙げて意見を言うのは勇気がいるものです。そのため意見が言えないまま終わる人がいる一方、同じ人ばかりが意見を言うという結果になりがち。このような場合は、グループサイズを変えると話し合いが活性化することがあります。

　やり方としては、まず1人で考えてもらい、次に隣の人と話し合います。

　次に4～5人のグループになって意見を言い合います。その後再び、グループ全体の話し合いに戻ると、最初は意見が言えなかった人も、言えるようになることがあります。少しずつ人数を増やしながら回数を重ねることで、「人前で意見を言う」ことに対するハードルが下がっていくためです。

　議論が紛糾して、ちょっと悪い流れを変えたい、という時にも、グループサイズを小さくして10分～15分程度話し合ってもらってから、元のグループに戻って議論を再開すると、新鮮な気持ちで議論がはずむこともあります。

　ファシリテーターはこういうテクニックも知っておくといいでしょう。

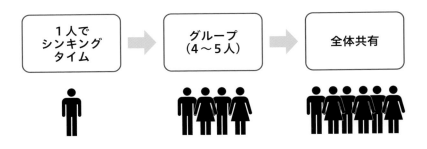

オンラインでも少人数グループの話し合いが可能

　オンラインの場合は、Zoomなら「ブレイクアウトルーム」（Google MeetやMicrosoft Teamsにも同様の機能あり）という機能を使うと、少人数に分かれて話し合いができます。ルーム内の議論の様子は他のグループは見ることができません。ホストや共同ホストはどのルームにも自由に入退室できるので、様子を見て必要に応じて助言などをします。いきなり入室すると驚かれるので、あらかじめブレイクルームに入ることを伝えておくといいでしょう。

やってみよう！
「小グループに分かれて話し合ってはどうですか」と提案してみよう！

まとめ
・少人数で話し慣れてから大人数で共有
・グループ分けは、1人になる人が出ないよう要注意
・グループサイズを変えることでリフレッシュに

【4】活発に議論をする④発言を見える化する(1)

ホワイトボードを活用しよう!

　P.40でも述べましたが、どんなに良い意見が出ても、書き留めなければいつか消えてしまいます。これではもったいないですし、同じような意見が何回も出たり、話が堂々巡りして、いつまでもまとまりません。発言は、ホワイトボードに書いて見える化しましょう。

　ファシリテーターが大きな紙やホワイトボードに議論の内容を記録しながら会議運営を進める方法は、「ファシリテーション・グラフィック」といわれ、1970年代にアメリカでデヴィット・シベット、ダニエル・アイソファーノが考案したものです。これにより、議論の内容が可視化され、問題のありかや解決の糸口がわかりやすくなります。

丁寧に書くより速く書く

　ホワイトボードに書くコツは、丁寧に書くよりも読める字で速く書くことです。ゆっくり書いていたのでは議論の流れを止めてしまうことになります。画数の多い漢字はカタカナにしたり略字を使ってもかまいません。長い単語は、たとえばファシリテーターなら「F」、板書係は「G（グラフィック）」など略称を決めておくといいでしょう。

　長い発言は短くして書きますが、勝手に短くするとニュアンスが変

わることがあります。「こういう意味でいいですか？」と、発言者に1つひとつ確認してから書きましょう。

カッコよく書く必要はない

ホワイトボードに書くというと、字が汚いから…、うまくまとめられないから…、という方も多いですが、「とにかく言っていることを忠実に書けばいい」くらいの気持ちで始めましょう。

誰の意見かがわかるように書く必要はありません。「誰の意見か」に大きな意味はありません。むしろ、誰の意見かわかることで、「あの人が言ったから反対できない」などのバイアスが働き、健全な議論ができなくなる可能性があります。発言者名は必要な時だけ書きましょう。

ファシリテーション・グラフィックのポイント

- ・大きくはっきり丁寧に！
- ・太いペンを使う時、たて線は太く　よこ線は細く
- ・思いつかない漢字はカタカナでOK
- ・言った言葉をそのまま書くことが基本
- ・要約する時は、自分の解釈で言葉を変換せず、「この表現でいいですか？」と確認をとる
- ・顔文字などイラストを使うと感情・雰囲気も伝えることができる
- ・重要なところに矢印やアンダーライン、囲みを入れる
- ・色や記号は、ルールを決めて使うと混乱しない

【4】活発に議論をする⑤発言を見える化する（2）

付せんを活用しよう!

　付せんを1人ひとりに配り、そこに意見を書いて提出してもらう、という方法も会議でよく使われます。この方法であれば、必ず全員が意見を出すことができます。また、人前で発表するのが苦手な人も、付せんに書くだけなら抵抗感なく書けるでしょう。

　たくさんの意見やアイデアを出してもらいたい時は、付せんを1人につき5枚～10枚ほど配って、全部に書いてもらえば、多くの意見を集めることもできます。

　次の項で詳しく述べますが、付せんは貼ったりはがしたりが簡単にできるので、並べ替えて意見を整理するときにも便利です。

付せんを上手に使うポイント

・長すぎず短すぎず

　1枚の付せんに長々と文を書くと読みづらくなります。なるべく短く簡潔に書きましょう。ただし、単語だけ書くなど、短すぎてニュアンスが伝わらなくなるのも良くありません。たとえば、「マネジメント」だけ書かれていたのでは、マネジメントについて何が言いたいのかわかりません。「時間管理が課題」「スタッフの配置を見直す」など、誰が見てもわかるようにかつ、短く書きましょう。書き方の見本をいく

つか書いておくとわかりやすいです。

・1枚1テーマ

　1枚の付せんに書くのは1テーマのみです。書きたいことが複数あるときは、別の付せんに書きます。そうしないと、あとで並べ替えたりグループ分けする時に不都合です。

・誰でも読める字で

　付せんは大きな模造紙などに貼って整理することが多いので、少し離れたところからも読めるように、シャーペンや細いペンではなく、水性太マーカーペンなどで書きます。上手でなくても、読みやすく楷書で丁寧に書きましょう。

・誰の発言かわからなくする

　誰の意見かは重要ではありませんし、むしろ「あの人の意見だ」とわかることがバイアスになることもあります。筆跡から書いた人がわかることがマイナスになりそうだと判断したら、ファシリテーターが意見を聞いて書くようにします。ちょっとした気遣いですが、これだけでも心理的負担が下がります。

一言アドバイス

ちょっとしたことですが使うグッズは重要です。私は３Ｍのポスト・イット®75mm×75mmか75mm×125mmをよく使います。ホワイトボードに貼る時は、すぐはがれないよう、強粘着がおすすめ。束からはがす時は、下から上ではなく、横からはがすと丸まらずに字がちゃんと見えます。

【5】意見を整理する① 分類したり並べ替えたり

グルーピングで構造化しよう!

たくさんの意見をまとめて結論を導くためには、「構造化」が必要です。**構造化とは、意見に含まれる要素を分類したり並べ替えたりして、要素の関係性を整理すること。**具体的な手法を見ていきましょう。

最も基本的で簡単な構造化

意見を構造化するためには、まず、意見が見える化されていることが前提です。ホワイトボードや付せんを使った見える化はP.94～97で学びましたね。雑多な意見は、次の2ステップで構造化します。

①意見の中で、似たものをグルーピングする
②各グループの意見の共通点を見つけ、グループにタイトルをつける

①では、意見を表面的に眺めて共通点を探すのではなく、なぜこの言葉を書いたのかを確認しながら本質的な共通点を探っていきます。似た意見は丸で囲むなどしてグループ化します。付せんを使えば、貼ったりはがしたりして簡単にグループ化でき便利です。

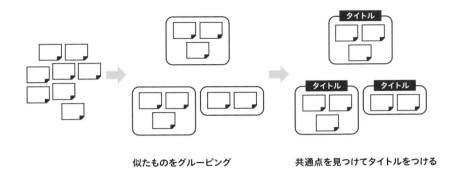

似たものをグルーピング　　　　　　共通点を見つけてタイトルをつける

　グループ分けをする時には、まず、小さなグループに分けることから始めましょう。ファシリテーターが勝手にするのではなく、「この意見はこっちのグループでいいですか?」と何度も確認を取りながら進めます。つい全て分類したくなりますが、違和感があるなら無理に分類しない判断も重要です。

　グループのタイトルは、「○○」「○○について」など、短くきれいにまとめる必要はありません。コツは、問いの答えになっているタイトルをつけることです。例えば、「会議の問題点は何か?」というテーマなら、分類は「コミュニケーション」ではなく「論点に沿った話し合いができていない」など、テーマの答えになるタイトルにすればいいのです。

まとめ
・似た意見をグルーピングし、共通点を見つけてタイトルづけ
・ニュアンスが伝わるタイトルづけを
・グルーピングは発言者の合意を得てから

【5】意見を整理する②意見を付せんで整理する

付せんをより効果的に使うコツ

　付せんで意見を整理するときに、覚えておいてほしい重要なポイントがあります。

機械的に貼るだけでは意見が埋もれてしまう

　個々に付せんに記入する時間を取り、時間になったら全員で共有するという場面でよくあるのが、単に書いたものを模造紙に黙々と貼って見せるだけで共有する、あるいは誰かが代表で付せんにみんなの意見を記入して、それを機械的に、一度に貼りだしてしまうというシーン。これでは1つひとつの意見に焦点が当たらず、ある意見について理解を深めたり、思考を広げたりという効果が生まれにくくなります。

　互いの考えの理解が進み、集合知が生まれるように、1人ひとりが1枚ずつ読みながら付せんを貼って共有してみましょう。

　声に出して読むことで、視覚と聴覚からの理解になりますし、付せんと付せんの距離感や、その人の語り方などを体で感じることができます。1つひとつの意見がきちんと受け止められ、関連する付せんがあればこれかな？　と自然に出すことができます。

付せんを貼る位置にも注意して

　この時に、別の意見と近いと思えば近くに、少し違うけれど似ていると思う時はその離れ具合を距離で表して付せんを貼ってもらうと、さらに付せんに書いた人の意図が伝わりやすくなります。

　1人1枚ずつ丁寧に出すことで、関連や共通点と違いが現れてきます。こうすると本質的な繋がりが見えてきたり、言葉は近いことを書いていても意味することが違うということがわかってきます。

　このプロセスを繰り返して付せんを全員が出し切ったところで、全体を俯瞰して大体近いところにあるものをグルーピングしていきます。

付せんを貼る時は、似た意見を近くに貼る。
微妙に違う時は若干距離を開けるとよい。

まとめ

・付せんに書いた意見は声に出して読みながら共有する
・付せんを貼るときの距離感にも意味がある

【5】意見を整理する③全体像を把握する

ロジックツリーで構造化しよう!

　ロジックツリーもよくある構造化の手法の1つで、物事の構成要素を大項目・中項目・小項目というように大きなものから小さなものへ分解し、ツリー状に整理したものです（次頁図を参照）。

　ロジックツリーのメリットは、全体像が把握しやすいため何が問題なのかがわかりやすく、優先順位もつけやすいこと。そして、階層ごとに物事が整理できるので、「今、何について話しているのか」が明らかになり、論点のずれが発見しやすいことです。

　ロジックツリーで整理する時は、項目の順番が前後することなく、大きいものから小さいものへ、あるいは抽象的なものから具体的なものへ、という順番になるよう整理すること。また、同じ階層の項目は、互いに漏れや重複がないように気をつけます。

　こうすることで、網羅性のあるツリーを描くことができます。

ロジックツリーのメリット

・全体像が把握しやすい
・何が問題かがわかりやすい
・物事の優先順位がつけやすい
・論点のずれを発見しやすい

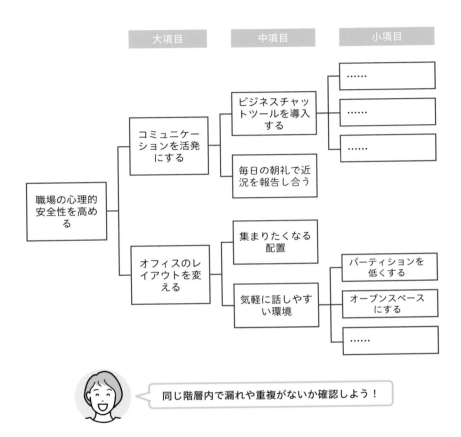

| 大項目 | 中項目 | 小項目 |

職場の心理的安全性を高める

コミュニケーションを活発にする
　ビジネスチャットツールを導入する
　　……
　　……
　　……
　毎日の朝礼で近況を報告し合う

オフィスのレイアウトを変える
　集まりたくなる配置
　気軽に話しやすい環境
　　パーティションを低くする
　　オープンスペースにする
　　……

同じ階層内で漏れや重複がないか確認しよう！

まとめ

・ロジックツリーは全体像を把握しやすい
・ツリーは大から小へ、抽象から具体の順番に
・同じ階層の項目は漏れなくだぶりなく

【5】意見を整理する④包含関係を明らかにする

ベン図を使って構造化しよう!

　ベン図は、円を使った構造化の手法です。円の重なりによって複数の要素の包含関係を整理することができます。

　たとえば、キャリアカウンセリングでよく使われるのが、Will（やりたいこと）、Can（できること）、Must（するべきこと）の3つの輪を使ったサークル図です。人は、やりたいこと、できること、するべきことの3つが重なった部分の仕事をする時に、能力を発揮でき、充実感も高いと言われています。この図を使って、自分のWill・Can・Mustを整理することで、適正を絞り込んでいく手助けになります。

　そのほか、会社のミッションを、顧客・社員・社会という3つの輪で考えるなど、いろいろな場面で使える手法です。

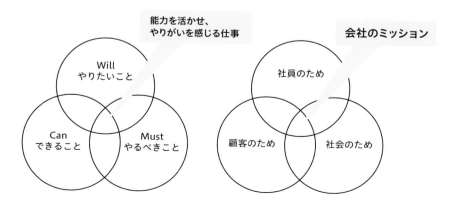

フローチャートで構造化しよう!

フローチャートとは、物事の流れ（フロー）を図で表したものです。

原因と結果、根拠から結論のように因果関係を説明する時によく使われる構造化の手法です。何が流れの阻害要因（ボトルネック）になっているかを発見しやすくなります。

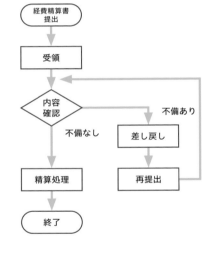

たとえば業務改善を行う時に、現状の業務の流れをフローチャートで表すことで、無駄な作業や外注したほうが良い作業、システム化すべき作業などが明らかになり、適切な改善方針が立てられます。

難しく考えなくても、たとえば、過去→現在→未来、ビフォー→アフターを四角で囲むだけでもフロー図になります。

一言アドバイス

フレームワークは、他にもさまざまな種類があります。興味を引かれた方は研究してみてください。

【5】意見を整理する⑥複数の要素を比較・分析する

マトリクスで構造化しよう!

　縦軸、横軸の２つの観点で物事を整理する構造化の手法です。マトリクスにはいくつかの種類がありますが、よく使われるL型マトリクス（図①）と、４象限マトリクス（図②）について説明します。

比較分析がしやすいL型マトリクス

　L型マトリクスは、複数の要素について比較・分析をする時によく使われます。たとえば図①では、商品A、B、Cを複数の評価項目で評価した結果を表しています。商品Aは、利益率は良いが成長性に問題があり、商品Bは、知名度が高く成長性もあるが利益率が悪い、商品Cは利益率はまあまあだが知名度も成長性も低い、といった、商品ごとの特徴が一目瞭然です。

図①L型マトリクス

	商品 A	商品 B	商品 C
知名度	○	◎	△
利益率	◎	△	○
成長性	△	◎	△

物事の位置づけを明確にする４象限マトリクス

　４象限マトリクスは、対象となる物事を、２軸によってできる４つのカテゴリのどこに属するかをプロットするものです。市場シェア・成長率の２軸を使った図②はマーケティングで有名なプロダクト・ポートフォリオ・マネジメント（PPM）にも使用されています。軸は対象によって自由に設定してかまいません。

　４象限マトリクスは、軸の設定が適切であれば、物事を短時間で明確に整理できる便利な方法です。また、合意形成の際にも便利です（P.113参照）。

図②４象限マトリクス

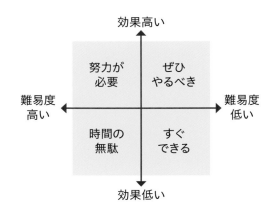

　ここまで、収束に活かせるフレームワークを紹介してきました。フレームワークは便利ですが、あまり無理に当てはめると自由な発想が妨げられます。あくまでも補助的な使用にとどめましょう。

まとめ
・マトリクスは軸の設定がキモ
・フレームワークは使いすぎに注意

【6】合意形成をする① 決め方を決めておく

みんなが納得できる決め方を知っておこう!

　意見を整理したら、いよいよ合意形成です。みんなで話し合って合意できればそれが一番ですが、最終的に決まらなかった場合、

- ・リーダーに一任
- ・多数決
- ・担当の2人で決める

などすぐ決定できる方法をあらかじめ決めておくことが大事です。

　「全員一致で決まらない場合は、この方法で決めますが、いいですね」とメンバーの合意を得ておけば、仮に自分の考えと異なる結論になっても納得できるでしょう。

　しかし、無理やり決めるのではなく、これまでの議論をどのように受けとめて、どう判断したのか、理由を確認するというプロセスを必ず入れることが重要です。

合意形成の時のファシリテーターの心構え

　ファシリテーターは感情に流されず公平な立場を保つこと。「年長者の意見は尊重しなければならない」「この人にはできないだろう」などのアンコンシャスバイアス（P.34参照）にとらわれていないか常に自問しましょう。少数意見にも光を当てること。多数意見

がいつも正しいとは限らないからです。

　自分では何が最善か判断できないという時は、何もかも自分でやろうと思わず、専門家の助言をもらうことも必要です。

　一番大事なのは、ファシリテーターが強引に決めてしまわないことです。メンバーが結論に納得できなければ、実行段階で協力を得ることが難しいからです。

　1人だけ強く反対する人がいて、合意形成の時にもめることが予想される場合、会議の前に、「この人の言うことなら聞く」という人から説得してもらう、という手もあります。

　会議や話し合いで、全員から同意を得られるケースは大切な決定事項ほどなかなかありません。それでも決めていくためには誰が誰から言われると聞く耳を持つのか、誰が誰から言われると反対したくなるのかという関係性は見ておくといいでしょう。

　物事は、論理的に進んでいくように見えて、案外、感情的な側面で動くことは多々あります。議論が硬直した時は、休憩を取って一度リフレッシュする、空気を入れ替える、座席位置を変えるなどしてみると雰囲気が変わり、相手の目線で考えることができるようになることもあります。

> **まとめ**
> ・決定方法はあらかじめ決めておく
> ・どうしても決まらない時の奥の手も考えておく
> ・ファシリテーターが強引に決めない

【6】合意形成をする②「決める」ためのフレームワーク(1

メリット・デメリット法

　ここからは、合意形成に役立つフレームワークを紹介します。

　最もシンプルでわかりやすいのが、**メリット・デメリット法**です。**プロコン（pross/cons=賛成/反対）法**ともいいます。

　複数の案について、メリットとデメリットを挙げて、最もデメリットが少ない案を選びます。単純明快で決着がつきやすいのがこの方法の利点です。

参加者全員でメリット・デメリット表を作っていく

　やり方としては、ホワイトボードの中央に縦線を引き、左にメリット、右にデメリットを書き込んでいきます。付せんにコメントを書いて、左右に貼っていくのでもいいでしょう。参加メンバーといっしょに表を完成していくことで、納得も得やすくなります。

数よりも重要度に着目しよう

　ちなみに、重要なのは、メリット・デメリットの数ではありません。1つひとつの項目について内容を吟味し、重要度も加味して検討することが大事です。デメリットの数は少ないが致命的な欠点が

ある、という案は選択しないほうがいいかもしれません。

例：懇親会の場所の選定

	メリット	デメリット
A案	・駅横で交通の便がいい ・メニューがおしゃれ ・お店が綺麗（映える）	・一番金額は高い ・大声で騒げない ・日本酒がない
B案	・駅から5分で比較的便利 ・美味しいと評価が高い ・広くてゆったり過ごせる	・周囲の環境がよくない ・時間制限はうるさい ・トイレが少ない
C案	・安くてボリュームあり ・いつも人気 ・元気な店員さんが多い ・直前の変更も対応してくれる	・お店が古い ・揚げ物が多い ・ドリンクは少ない

一言アドバイス

メリット・デメリットの両方が同じぐらいになるように意見を引き出せるとベター。意見を募る際に「他人の意見を否定しない」「思いつきでもいいのでたくさん意見を出す」などを確認し、意見が言いやすい雰囲気を作ることもポイントです。

まとめ
・単純明快で決着がつきやすい
・項目数よりも項目の重要度が大事

【6】合意形成をする③「決める」ためのフレームワーク(2)

ペイオフマトリクス

　ペイオフマトリクスは、問題解決のための話し合いでよく使われるフレームワークで、実現性（遂行が困難⇔遂行が容易）と効果（効果小⇔効果大）の２軸を使うことが多いです。

　2軸を使ってできた４象限マトリクスに、アイデアをプロットします（プロットする前に、アイデアはできるだけたくさん出しておくこと）。

　やり方としては、ホワイトボードや模造紙に、付せんにアイデアを書いて貼って分類していきます。話し合いながら場所を動かすことができる点でもふせんがおすすめです。マトリクスの軸を先に書いて、直接アイデアを書き込んでいってもいいでしょう。視点が広がってアイデアが出やすくなります。

優先順位を決めてアイデアを絞り込む

　４象限のうちAは実現が容易で効果が大なので、最も手が付けやすい案となります。Dは実現が難しく効果も低いので、捨て案となります。不要なアイデアを落とし、やるべきことを絞り込むのに便利です。ただ、難易度は高くても、効果が高いものであればやったほうがいいこともあります。ここをしっかり話し合うことが合意形

成のカギにもなります

　難易度の高低、効果の大小は、数値的な根拠がなくてもこのマトリクス内で相対的に合っていればよしとします。しかし、逆に言えば、判断が主観的になりがちだということ。裏付けとなるデータがあるなら、それを考慮してマッピングするとなお良いでしょう。

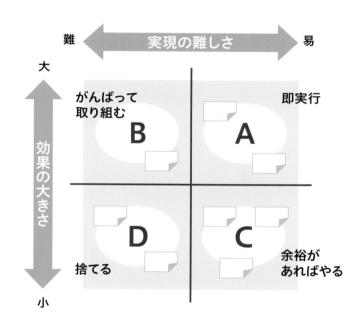

【6】合意形成をする④「決める」ためのフレームワーク(3)

意思決定マトリクス

　意見を引き出すと、多くの選択肢が見つかって選択肢をどのように絞ればいいのかわからなくなることがあります。選択肢を多少絞っても、選択の基準が複数ある場合、しかも、その基準の重要度が異なる場合は、単純に点数制で選択できないことがあります。

　そのような時に、「私たちが最も重要視すべき基準って何でしょうか？」と聞きながら、使用するとわかりやすいのが意思決定マトリクスです。

素点と重要度を掛け算する

　例として、評価基準、収益性・実現性・新規性・コスト・リスクに重みづけをしてみましょう（次ページの図を参照）。

　最高点を5、最低点を1として重要度で重みづけ（倍率の設定）をします。最高点は、2とか3でもいいですが、あまり大きくしすぎないこと。得点の格差が広がり正しい判断がしづらくなるからです。

　次ページの例では、収益性（×5）、実現性（×2）、新規性（×3）、コスト（×4）、リスク（×1）としました。この作業を先に行った上で、各基準について、10点満点（または5点満点）で得点を記入します。次に、その得点と重みを掛け算し、合計点を出します。

各基準の重みづけや、案の採点は、参加メンバーに聞きながら全員参加で行うこと。時間はかかりますが全員の納得感は高まるでしょう。

10点満点で評価

重みづけ

重みを掛け算する

判断基準	収益の高さ	実現性の高さ	新規性の高さ	コストの低さ	リスクの低さ	総合評価
重み	×5	×2	×3	×4	×	
A案	10	5	6	6	5	107
	50	10	18	24	5	
B案	7	6	7	7	4	100
	35	12	21	28	4	
C案	4	8	4	6	6	78
	20	16	12	24	6	
D案	2	7	2	8	8	70
	10	14	6	32	8	

総合評価

マトリクスの結果が絶対の解ではない

　この方法で最高点になった案を採用する場合でも、違う意見の人にも話を聞いて、確認することも大事です。たとえば、A案が最高点だが、議論の流れではB案推しの人が多かったようだ、という場合、「ではB案のどこを改善すればよいのか」と考えるためにこのマトリクスが参考になります。それが正しい使い方です。

まとめ
・重みづけで説得力のある意思決定ができる
・採点は参加者全員で行うこと
・フレームワークの導く結果にしばられない

【7】会議を終える

何が決まったかを明らかにする

　オープニング、情報共有、議論と進めてきて、さあ、ようやく終わりまでたどり着きました。スタートも、「これから会議を始めます」と明確に宣言して始めましたね。終わりも、「これで終わります」だけでなんとなく終わりにしないで、きちんと終わりましょう。あくまでもアクションまで起こせるようにすることが重要です。

終了5分前はまとめの時間

　会議終了の5分前になったら、まとめに入ります。最初に発表した目的、ゴールに立ち返り、何が決まって何が決まらなかったか、決まっていないことはどうするのかを確認しましょう。誰が、いつまでに、何をするのかが不明なものは誰がボールを持つのか決めておきましょう。

　これをやらないと、せっかくの議論も水の泡。「え、そんなこといつ決まったの？」「そういう話だっけ？」と不満が出たり、次回の会議でまた同じ話を繰り返してしまったりといったトラブルのもとになります。

終わりの言葉の例

「では、まとめに入ります。今日の会議の目的は○○○で、ゴールは○○でした。ゴールに向けて、論点①○○、②○○、③○○、④○○について話し合いました。 ← ホワイトボード上の決定事項を指し示しながら、今日話したことの確認

今回決まったことは○○です。議事録にしてみなさんに送りますので確認しておいてください。 ← 決まったことの確認

次回は○月○日○時に、○○会議室で第2回会議を行います。 ← 次回会議の確認

○○さんは、次回までに××のデータを集めてください。 ← 宿題の3Wの確認

みなさんのおかげで時間どおりに終わることができました。ご協力ありがとうございました」 ← 参加者への感謝の気持ちも忘れずに!

議事録は記憶が新しいうちに

　決まったことをホワイトボードに書いて見える化することも重要です。簡単な会議なら会議の後にホワイトボードを写真に撮って、メンバーに送ることで議事録としてもいいでしょう。

　私の場合、事前に準備した「会議準備シート」に、会議の結果を書き込む欄を作って、そこに箇条書きで決まったことを入力し、議事録としています。これならすぐにできるのでおすすめです。詳しい議事録が必要な場合は、議事録係を決めて書いてもらいますが、たいていは簡易型の議事録でも十分です。

> **まとめ**
> ・なんとなく終わりにしない
> ・議論の内容、結果、次回の予定、宿題を確認する
> ・記憶が新しいうちに議事録を作成する

【8】会議を振り返る〜振り返ってこそ成長がある

ファシリタティブなチームを育てよう

メンバー全員で振り返る

　会議を終える前に、「振り返りチェックアウト」をしましょう。参加メンバー全員に、ひと言ずつ「今日の感想」を“Iメッセージ※”で話してもらいます。会議内容だけでなく、会議の流れや関わり方についてのお互いのフィードバックが重要です。

　参加者の会議の満足度や、今後どんなフォローが必要かもわかり、ファシリテーターの振り返りになります。参加者も他の人の想いを聞くことでファシリタティブな関わり方が育っていき、全員が助け合える良いチームに育っていきます。

自分のファシリテーションを振り返る

　ファシリテーターの「一人振り返り」もしておきましょう。ベテランでも、毎回「あそこはああすればよかった」と反省点があるもの。新人ならなおさらです。会議が終わるごとに振り返って、反省点を手帳に書き記すなどして見える化し、次の会議では改善するように意識しましょう。その積み重ねが上達への道です。

　振り返りに使われるフレームワークに、KPT（継続すべきこと、

問題点、改善すること）、YWT（やったこと、わかったこと、次に
やること）があります。Excelで表を作ってそこに入力し、会議準
備シート、議事録とセットで保存しておくと、自分の成長記録にな
ります。

Keep（継続すること）	Try（次に取り組むこと）
全員が発言できるよう、1人が長く話さないよう意識する。	大人数で意見を話し合う前に、隣の人と話したり、小グループで話す機会を作る。
Problem（問題・課題）	
発言が苦手な人から、いかに意見を引き出すか。	

参加メンバー全員で KPTをやる場合は、ホワイトボードにｋｅｅｐ、Problem、Tryの枠を書き、枠内にコメントを書いた付せんを貼り付けていきます。
keep、Problem、Tryで付せんの色を変えるとわかりやすいでしょう。

Y（やったこと）	W（わかったこと）	T（次に取り組むこと）
発散の時に、付せんを使って、意見を出し合った。	付せんだと、普段あまり発言しない人も、意見をたくさん出してくれる。	付せんをもっと活用する。大きい付せんを用意して、遠くからでも見えるようにする。

YWT はポジティブな面が出やすい。ネガティブかなと思うことも事実として出せるようにするといい振り返りになります。

まとめ
・振り返ることで参加者の満足度や必要なフォローがわかる
・毎回改善点を可視化して次回に活かそう

※私を主語にした言い方。あなたを主語にした場合は YOU メッセージという。YOU メッセージは、相手を責めているように聞こえがちだが、I メッセージはあくまでも「私はこう思う」と意見を述べるだけなので、非難するニュアンスにならない。

アイスブレイクで緊張をほぐそう

オープニング（P.82参照）で、みんなの緊張をほぐすためによく行われるのがアイスブレイクです。簡単で場が盛り上がるアイスブレイクの例を紹介しましょう。

○人となりが垣間見える初顔合わせ

財布から1つ何か取り出して、そのモノに関するエピソードをまじえながら自己紹介をします。「お金でもレシートでもいいですよ〜」と声をかけてあげると、何もなくても買ったものやお金にまつわる話ができます。買物には、人の価値観や好みが現れるものです。短時間でその人の人間像が浮かび上がってくるワークです。

オンラインの場合は、デスク周りにあるお気に入りのものをひとつ見せて、自己紹介をしてもらってもいいでしょう。

○オンラインこそ手書きやジェスチャーで

各自がペンと紙を用意しておくと、いろいろ意思表示することができて便利です。チャットを使うよりも、スケッチブックなどを用意して、絵や文字を書いて紙芝居のように見せると効果的です。

たとえば、「今日の気分をお天気で表してください」と言って、天気記号を書いてもらうなどでもいいでしょう。手描きの微妙なニュアンスから、その人の個性が垣間見えるものです。

オンラインではジェスチャーも積極的に使いましょう。「今の気分を0〜100％で、手の高さで表してください」などと声をかけると、顔出しするタイミングを作ることもできます。

第4章

ツールを使いこなそう

この章では、会議になくてはならないツール、ホワイトボードとオンライン会議の活用術についてお話しします。

ホワイトボードの使い方①

情報の見える化・共有化が最大ミッション

　ホワイトボードで情報を視覚化することを、ファシリテーション・グラフィックといいます。世の中には、ファシリテーション・グラフィックの本もあり、チャート図を駆使してカッコよく視覚化した例を見たことがある人も多いのではないでしょうか。まるでお店のPOPのようなデザインセンスのいい図や素敵な絵を即興で描いていくファシリテーターを見るとほれぼれしてしまいます。

　みんなの前に立って書くだけでも勇気がいるのに、「あんなふうにカッコよくまとめるのがファシリテーション・グラフィックだ」と思うと、尻込みしてしまいますよね。

　みなさんに強調したいのは、カッコよく書くことがファシリテーション・グラフィックではないということ。そんなことができるのはほんの一部の人なのです。まずは、会議の目的、ゴール、論点と、時間配分をホワイトボードの隅に書くことから始めましょう。

　ホワイトボードに書いて見える化する目的は共有化。みんなが同じところに視線を向けて共有することが重要なのです。「今日の目的は○○だな」「今は議題①について話しているのか」「あと10分で終わるな」とみんなが確認できればいいのです。これだけでも今までの、霧の中を手探りで進むような会議とは全然違うはずです。

書いて見える化することのすごいパワー

　ホワイトボードには、議論の中で出た、メンバーの発言も書いていきます。発言ってシャボン玉のようなもので、どんなに良い発言が出てもすぐに忘れ去られてしまいます。書いてカタチに残すことで記憶に残りますし、議論が後戻りせずにすみます。それだけではありません。書かれた意見に触発されて別のアイデアが生まれたり、抜けや漏れを発見できたり、論点のずれに気づくなど、さまざまなメリットがあるのです。これを使わない手はありません。

言葉はシャボン玉のようなもの。書いてカタチに残しましょう。

> **まとめ**
> ・カッコよく書くより見える化・共有化
> ・見える化で、会議の全容がわかる
> ・議論の流れや抜け、漏れもわかる

ホワイトボードの使い方②

わかりやすく読みやすい字を書く

ペン先選びで文字をカッコよく

　ホワイトボードに文字を書く時は、楷書で読みやすい字を書きましょう。字は上手でなくてもいいですが、上手に見せたいのなら、先が角になっているペンを使うとよいでしょう。角を使って、明朝体のように横棒は細く、縦棒は太く書くとカッコよく見えます。

　漢字は大きく、ひらがなやカタカナ、特に助詞や接続詞などは小さく書くとバランス良く見えます。

横棒は細く、縦棒は
太く書く

１２３ＡＢＣ
本日の目的と目標

助詞は小さく

漢字とひらがなのバランス

ひらがな、カタカナは
やや小さく

色は3色を基本にルールを決めて

　ペンの色は黒、青、赤の3色を基本にします。多くの色を使うとカラフルできれいですが、何が重要なのかがわかりにくくなります。

　3色は、ルールを決めて使います。通常は黒を基本にし、目的、ゴール、論点など、見出しとなる言葉は青で、まとめは赤で書く、など、使い方を統一しておくと会議の内容が一目瞭然です。

3色ペンの使い分け

黒	・基本色として使用
青	・目的、ゴール、論点など見出しに使用 ・やや重要箇所のアンダーラインや囲みに使用
赤	・結論や決定事項を枠で囲む ・特に重要なキーワードにアンダーラインを引く ・その他、特に際立たせたいことを赤字で書く

まとめ

- ・ペン先にもこだわる
- ・カッコよく書くコツを覚える
- ・ペンは3色でルールを決めて使う

一言アドバイス

書くのが苦手な人は、テーマや目的、議題など、事前に書けることを紙に書いておいて、必要な時に貼るというのも一案です！

ホワイトボードの使い方③

丁寧に確認しながら書き、質問で掘り下げる

ファシリテーターとグラフィッカーで分業してもいい

　ファシリテーターは、参加者から発言を引き出し、かつ、ホワイトボードに発言を書き留めなければなりません。最初は、「話がどんどん進んでいくのに追いつけない！」と、難しく感じるでしょう。ファシリテーターが書ければベストですが、慣れないうちは板書するグラフィッカーとファシリテーターは分けてもいいでしょう。その時に、必ずお互いに確認し合いながら進めることが重要です。

　意見をきちんと書き取れていないなと思ったら、「ちょっと確認ですが、これで合っていますか？」と発言者に確認したり、これまでの話し合いの要点を書いて「ここまでは理解していただけていますか？」と投げかけるなどして、進めていきます。

　書いて見える化した言葉は、最後まで残りますし会議の流れを大きく左右するので、丁寧に確認していくことが重要です。

　書くのが大変だからといって、みんなに背中を向けっぱなしではいけません。時々振り返り、みんなの反応を確かめましょう。

質問で掘り下げる

　基本的には、発言をどんどん書いていけばいいのですが、話し合いの内容によっては、ファシリテーターが質問をして掘り下げる必要があります。たとえば、「部内のコミュニケーションが問題だと思います」という発言があったら、「コミュニケーションに問題あり」と書いて終わりではなく、「たとえばどんな問題ですか？」「そう思った具体的なできごとはありますか？」と掘り下げましょう。同じような意見でも、掘り下げると、人それぞれ思っていることが違うことも多いからです。表面的な発言だけでは違いを見逃してしまいます。

　あまり1人の人にばかり質問すると他の人の発言の時間がなくなるので、ある程度出尽くしたと思ったら、「では他に意見はありますか？」と切り替えましょう。

<掘り下げる時に便利なフレーズ>

・つまりどういうことですか？
・具体的にどういうことでしょうか？
・もう少し詳しく教えてください
・なぜそう感じたのでしょうか
・他にもありますか？

まとめ
・発言の真意を確かめながら書く
・参加者に背中を見せっぱなしにしない
・質問で発言を掘り下げる

ホワイトボードの使い方④

長い発言は、意味は変えずに短くする

はしょりすぎや曲解に気をつけて

　発言を全部書いていたら時間が足りませんし、ホワイトボードのスペースも足りなくなります。適度に要約して書く必要があります。しかし、これが難しい。あまり短くしすぎて単語だけを書いたのでは、後で見た時に何の話だったかわからなくなりますし、要約したことによって発言者の意図からずれてしまうと不満のもとになります。しかも、会議の流れを止めないよう、瞬時に要約をしなければなりません。一朝一夕にはできないので、これも経験を積むしかありません。

サマライズの例

元の発言
私は10年くらい社内ボランティアの取りまとめ役をしていますが、年々参加者が減っていると感じます。なくしてもいいという声もありますが、ボランティアは社会貢献だけでなく社内の横のつながりを作ることにもなっており、社内のコミュニケーション向上のためにも役立つと思うので、継続したほうがいいと思います。参加者が減る一番の原因は、活動の内容がマンネリ化していることだと思います。もっとみんなが参加したくなるような活動テーマを考えるべきだと思います。

要約例
○継続にはテーマの再検討が必要 ×マンネリ化（要約しすぎ） ×テーマがつまらない（勝手な解釈）

> **論点：社内ボランティア参加者を増やす
> ためにはどうすればいいか。**

個人の
経験・感想

私は10年くらい社内ボランティアの取りまとめ役をして
いますが、年々参加者が減っていると感じます。なくし
てもいいという声もありますが、ボランティアは社会貢
献だけでなく社内の横のつながりを作ることにもなって
おり、社内のコミュニケーション向上のためにも役立つ
と思うので、継続したほうがいいと思います。参加者が
減る一番の原因は、活動の内容がマンネリ化しているこ
とだと思います。もっとみんなが参加したくなるような
活動テーマを考えるべきだと思います。

大事な意見
だが論点の
答えではない。

ここが論点の答え！

論点の答えを探りながら聞く

　人の発言をよく聞いていると、背景や感想、過去の経験、たとえ
話、言い訳など、様々な要素が混在している
ものです。発言を聞く時は、論点を疑問文の
問いとして頭において、答えになっていると
ころだけ聞き出すのがポイント。「ここだ！」
と思うところを「つまり○○ということです
ね」と確認して書けばいいのです。

やってみよう！

論点を疑問文にしてメモし、
発言を聞いて答えになって
いるところを書きとってみ
よう！

> **まとめ**
> ・要約ははしょりすぎない
> ・「論点の答えはどこか」に集中する
> ・「つまり、こういうことですか？」と確認する

オンライン会議をうまく進めるために①

オンライン会議の特性を理解する

　最近はオンライン会議も当たり前になってきました。表情がわかりづらい、発言のタイミングがつかみづらいなどのデメリットはありますが、時間や場所に関係なく参加できる、欠席者もあとから録画で会議内容を確認できるなどのメリットもあります。オンライン会議の特性を理解して上手に活用しましょう。

初めにオンライン会議のルールを伝えましょう！

　ファシリテーターは会議の5分前にはログインして、ネット環境、音声や画像の確認をしておきます。

　①画面はオンにする、②発言は名前を言ってから、③対面の３倍リアクションをする（うなずき、あいづち）、④報告など聞く時間はマイクをミュート（消す）、議論中はマイクオンなど、基本的なルールは最初に説明します。

　議論中にマイクをオンにする理由は、「へぇ〜」「なるほど〜」などの声あがると安心して議論ができるからです。ミュートだとリアクションが聞こえず、話が盛り上がりにくくなります。

チェックインは対面会議の時よりも重要

　会議は、リアル会議の時と同様、オープニングから始めます。中でもチェックインは大事です。「前回の会議から今日の会議までで変化したこと」「今日の意気込み」など、全員に必ず一言話してもらいます。「今日の気分を○、△、×で表してください」と言って、手信号でリアクションをしてもらうのもおすすめです。

　オンライン会議では参加者の動きが見えにくく、途中入室・退出する人がスルーされがち。「あなたのこと、ちゃんと見ていますよ」という気持ちを伝えるためにも、「お疲れさまでした」などの声掛けを忘れないようにしましょう。

リアクションは大きく！

　リアクションは対面の会議の時よりも大きくすることが基本です。オンライン会議ではリアル会議に比べて参加者の顔が見えづらく、ちゃんと伝わっているのか、共感が得られているのか、場の雰囲気もつかみにくくなります。対面よりも圧倒的に情報量が少ない中での議論になるので、気持ちを身振りで示すことが重要なのです。

　ファシリテーターは、共感するときは拍手をする、手で輪を作るなどのリアクションを促しながら会議を進めていきます。ファシリ

テーター自身が少しリアクションを大きめにすることも大事です。相槌を打つ時は、リアル会議の時よりも大きく首を振ったり、「なるほど！」「いいですね！」と少し高めのトーンで声を出しましょう。

画面共有で議論を可視化

オンライン会議でも、Wordやホワイトボードアプリを開いて画面を共有し、画面に入力しながら会議を進めることで、議論の可視化ができます。会議準備シートを画面共有して、目的、ゴール、議題を見せながら行うと話の進行がわかりやすくなります。そのまま議事録にすることもできます。

アナログツールも上手に併用

「○○してください」「○○ですか？」といった指示や問い、YES・NOを確認するなど簡単なものであれば、スケッチブックなどに太いペンで書いて見せるという方法もあります。簡単で誰にでもできますし、案外わかりやすいです。

オンラインだからといって何でもかんでも「デジタルにしなければ」と思うよりは、参加者全員がやりやすい方法や伝わる方法を考えることも重要です。

ハイブリット会議をうまく進めるには

オンライン会議よりも難しいのがハイブリット会議です。避けたいのが、リアル会議の人たちだけが盛り上がって、オンラインのメンバーが蚊帳の外になること。ファシリテーターは意識的に、オンラインのメンバーにも声をかけるようにしましょう。

発言の見える化・共有化にも一工夫が必要です。方法としては、1つは、リアル会場のホワイトボードをカメラで撮影してオンライン会議アプリで共有する、もう1つは、リアル会議の参加者にノートパソコンを持参してもらい、発言はホワイトボードではなくオンライン会議アプリ上に書き込んで共有する方法です。

ハイブリッド会議はまだ発展途上なので、良い方法を共有し合って進化させていきましょう。

まとめ
・オンライン会議の特性や機能を理解し活用しよう
・リアル会議よりも大きなリアクションで
・ハイブリット会議ではオンラインメンバーの存在を忘れずに！

オンライン会議をうまく進めるために②

プレゼンスマネジメントに気を配ろう!

　オンライン会議では、自分の顔も見えるので、「私ってこんな顔をしてしゃべっていたんだ!」と驚くことがありますよね。

　相手に与える印象を自分自身でマネジメントしていくことを「プレゼンスマネジメント」といいます。せっかくなので自分のプレゼンスの改善の機会にしましょう。表情は「笑顔」で!　服装は「清潔感」が第一!　姿勢は「正面」に!

　顔映りの良い照明も大事です。部屋の照明だけだと暗くて顔に影ができるので、自撮りなどでもよく使われるリングライトの使用がおすすめです。パソコンに取り付けられるクリップタイプのもの、スタンドタイプのものがあり、2000〜3000円前後から購入できます。

雑音や聞き取りにくい声はストレスに

　パソコン内蔵のマイクは音声が聞き取りにくいことがあります。どのように聞こえているのか他のパソコンやスマホでオンラインの会議室に入ってみて確認してみましょう。音声は自覚がなく他の人のストレスの要因になっている可能性が

あります。マイクやヘッドフォンがついたヘッドセットの使用が望ましいです。2000円前後のものでも性能としては十分です。

壁紙を使いこなそう

　会議を盛り上げるには、壁紙も有効なツールとして使いましょう。たとえば、全国各地から参加者が集まる会ならご当地背景を使ってみてはどうでしょう。私は大阪から参加する時は、チェックインなどで、通天閣や食い倒れの写真を背景に使います。「その写真、何ですか」と必ず誰かが突っ込みを入れてきて、場が和むのでおすすめです。そのほか「やった～！」「同感です！」などのセリフを書いた壁紙を複数用意し、切り替えて使うのも楽しくて盛り上がりますよ。

セリフの入った壁紙を使ってリアクションを表現してもいい

アイスブレイクの時などに、ご当地物の壁紙を使うと場が和みます

まとめ
・見た目にも気を遣おう
・ヘッドセットで声をクリアに
・壁紙もツールとして使いこなそう

ホワイトボードがなければ
スケッチブックで代用する

　ホワイトボードに意見を書きとめながら会議を進めることで、議論のポイントが見える化され、参加者全員が今何について話しているのかを理解しやすくなります。書かれたことはそのまま会議の記録にもなります。ホワイトボードは、会議にはなくてはならないツールなのです。でも、ホワイトボードがない会議室もありますよね。

　そんな時は、模造紙やイーゼルパッド、パソコンで投影しながら共有するといいでしょう。また、大きめのスケッチブックを用意して、そこに書きながら進行するのもおすすめです。要は、見える化と共有化ができればいいのです。スケッチブックを開いて、左ページにメリット、右ページにデメリットを書く、といった使い方もできます。

　私はA4白紙や模造紙と太めのマスキングテープ、マグネットなどを持ち歩いています。問いやアジェンダ、ルールなどポイントを書いて示すなど、重宝しています。

　目的やゴール、論点はあらかじめ白紙に書いておき、マスキングテープなどはがせるテープで貼って見えるようにしておくと、ホワイトボードに書く手間が省けて便利です。

第 5 章

ファシリテーター秘伝の術
〜上級者になるための小さなテクニック

これまでの章では、ファシリテーションの基礎的なテクニックについて話してきましたが、この章では、さらに上級を目指すためのコツについてお話しします。

しゃべれない人にしゃべらせる術

傾聴・承認・あいづち・オウム返し

ファシリテーターのふるまいや声掛け

　会議で活発な意見を引き出すためには安全安心な場を作ることが大前提。そのためには、ファシリテーター自身のふるまいも重要です。

　基本は笑顔で。横柄な態度や威圧的な言い方にならないように注意しましょう。腕組みや足を組むのも良い印象ではありません。

　あまりはきはきと明瞭に話されると委縮してしまう人もいるので、私は、柔らかくゆっくりめに話すようにしています。

　これまでの経験を振り返って、「こういうふるまいをしてくれたら意見を言いやすかったな」「居心地がよかったな」と思った人のふるまいをまねをするのもいいでしょう。「いつも笑顔だった」「目を見て話してくれた」「名前を言ってくれた」など、何が影響して話しやすく感じるのか、よく観察したり感じることは大事です。

　声掛けにも気を配りましょう。「ちゃんとした意見じゃなくてもいいですよ」「ぱっと思い浮かんだことを言うだけでもいいですよ」などの声掛けは、緊張をほぐし意見を言いやすくしてくれます。

積極的傾聴の態度で

　できるだけ多くの意見を引き出すためには、相手の言うことに共感しながらじっくり聴く傾聴が大事です。ファシリテーターは、さらに踏み込んで「積極的傾聴」を心掛けましょう。意識してほしいのは以下の３つです。

1　アイコンタクトなど、「聴いていますよ」と態度で示しながら聴く

「うん、うん」「そうですか〜」「それから？」と、明るい声で大げさなくらいにリアクションをする。うなずきやアイコンタクトも意識して。

2　相手の言うことを復唱、共感、承認する

「そうなんですね」「いいですね」などの言葉で共感・承認を示すと相手は「受け入れられた」と安心し、話しやすくなります。「復唱」も効果的です。たとえば「○○だと思いました」と相手が言ったら「○○だと思ったんですね」と、相手の言葉をそのまま復唱します。

3　相手の言葉を、自分の価値観で判断して否定したり評価しない

傾聴では、相手の言うことを一切否定せず評価もしないことが基本です。意見を言う場合は、相手がすべて話し終わってから言います。

開いた質問、閉じた質問を使い分ける

　質問には、開いた質問と閉じた質問があります。前者は相手が自由に答えられる質問で、英語で言えば「What」「How」で始まる質問です。発想を広げたい時に使います。

　後者は、「はい」か「いいえ」で答えられる質問です。話の的を絞ったり、合意を確認したい時、また、相手の口が重たい時にも使います。状況に応じて、開いた質問、閉じた質問を使い分けましょう。

	開いた質問	閉じた質問
	発想を広げる	話を絞り込む
どんな時？	・相手の考え方や状況などを自由に話してもらう質問 ・発想を広げる・考えてもらう・掘り下げる時に有効	・Yes/No で答えられる質問 ・相手の口が重たい時 ・話の的を絞ったり、理解や合意を確かめる時に有効
質問例	・みなさんのアイデアを聞かせてください ・具体的にはどういうことですか ・どうやって達成しましょうか ・誰の助けがあれば実行できますか ・どうすればいいと思いますか	・このアイデアは採用ですか ・おっしゃったのは○○ということですか ・言い換えると△△ということですか ・この結論に異議はありませんか ・結局、×× を実行するということですね ・それは 1 人でできますか

否定質問より「肯定質問」、過去質問より「未来質問」

誰でも否定されたり、責められると意見を言いたくなくなるものです。ファシリテーターは、ネガティブなことでもできるだけ肯定的な言葉に言い換えて質問しましょう。過去のことを問いただすのではなく、視点を未来に向けて「今後どうすれば良くなるか」について質問しましょう。特に、失敗や不備などのネガティブな話は詰問調になりがち。意識して、明るいトーンで前向きに話しましょう。

言い換えの例　✕　　　　　　　　　　　　○

なぜできなかったのですか？	➡	次回はどうすればできると思いますか？
そんな方法で成功できると思いますか？	➡	成功するためにどんな方法が考えられますか？

クッション言葉でトーンを柔らかく

　クッション言葉とは、意見や質問を言う前に入れることで印象を和らげる言葉のことです。たとえば、「◎◎はどうなっていますか？」といきなり言うと詰問のように聞こえますが、「なるほど、○○というわけですね。では、◎◎はどうなっていますか？」と、ワンクッション入れることでかなり印象が変わりますよね。

　また、何か確認をしたい時も、「1つ聞いてもいいですか？」と、一言加えるだけで、かなりトーンが柔らかくなります。クッション言葉はファシリテーターだけでなく、参加者も意識して使うようにすると、会議全体の雰囲気が優しくなります。ぜひ試してみてください。

クッション言葉の例

相手の意見を受けて話す時	なるほど、そうなんですね。では……
	よくわかりました。ただ、…
自分から話を切り出す時	ちょっとお話ししてもいいですか？
	1つ、意見を言ってもいいですか？
	1つ、うかがってもいいですか？
	大変ありがたいお話なのですが
言いにくいことというとき、断る時	大変恐縮ですが
	せっかくですが
	これは私の個人的な意見ですが
	申し訳ないのですが
お願いする時	もし可能であれば
	もしご負担でなければ
	ダメ元のお願いですが

まとめ

・あいづち、うなずき、アイコンタクトをしながら聴く
・相手の発言を復唱、承認、共感する
・否定や評価をしないで聴く
・クッション言葉で会話をおだやかに

ゲリラ的に会議を変える術

忍びのファシリテーション

ファシリテーターのふるまいや声掛け

　意見がかみ合わない、だらだらと長い、時間どおりに終わらない。そんな会議を変えたいと思ったらどうしたらいいでしょうか。いつも議長を務めている人にファシリテーションを勉強してもらうか、あなたが「私にファシリテーションをやらせてください！」と手を挙げるか。どちらも難しそうです。でも、強いて言えば他人をコントロールするよりはあなた自身でなんとかする方が簡単です。実際に、私の知人がその方法で、会社の会議を変えたという実績があります。その方法を伝授しましょう。名づけて「**忍びのファシリテーション**」です。

少しずつやってみて周囲の理解を得る

目的は何？

　その知人は、まず自分の手元でアジェンダのようなものをメモし始めました。最初は、「目的って何でしたっけ？」とつぶやいてみる。誰かが答えたら、それを書いておく。会議が始まって、意見が出始めた

ら、「さっきの発言って、こういうこと
でしたよね」と、最初は隣の人と共有し
ながらメモする。そのうち、「すみませ
ん、忘れるといけないから、書いてもい
いですか?」と言ってホワイトボードの
隅に書き始める。「さっき言ったことっ

て、こういうことですよね」と確認しながらどんどん書いていく。
そのうち、みんなから「書いてくれると助かる」と言われるように
なり、「じゃあ、みんなに見えるように書きましょうか」と、隅っ
こではなく、真ん中に大きく書くようにする。そのうち、「書いて
共有しながら会議を進めるとわかりやすい」ということをみんなが
理解するようになり、会議の初めにアジェンダを確認する、という
ことも習慣化するようになったといいます。

　　　　　　　いきなり大上段に「会議を変えましょ
う」とか「ファシリテーションをやりま
しょう」と言っても、抵抗感があるけれ
ど、実際にやってみて「そのほうが良さ
そうだ」と実感してもらえれば、一気に
変えることができるのです。

まとめ
・少しずつ、「ファシリテーションって便利だ」と理解させる
・いきなり「会議を変えましょう」では受け入れられない

人に助けてもらう術

わからないふり、できないふりをして人を巻き込む

人に頼ることは結局みんなをハッピーにする

　本書でたびたびお伝えしているように、ファシリテーターが何から何まで 1 人でやる必要はありません。役割分担をして、参加者にも得意を発揮して手伝ってもらいましょう。そのほうが参加意識も高まります。敢えて「わからないふり、できないふりをして人を巻き込む」のも手です。

　「誰か書いてくれませんか？」「今の発言、どうやって要約したらいいと思います？」「最初は誰か得意な方にお願いできますか」と、参加者に投げかけてみましょう。どうしようかな、と迷っていそうな人には、「いつもきれいにノートにまとめているから、よかったら前で書いてみてくれない？」などの声掛けで、背中を押すのも大事です。手伝ってもらったら「ほんと助かった！」「すごくわかりやすくなったよ」とポジティブフィードバックを忘れないこと。次回もきっと助けてくれるようになります。

　人は困っている人を助けたくなるものです。助けて感謝されると悪い気はしませんし、自分の助言が役立った、会議に貢献できた、という満足感も得られるでしょう。もちろんあなたも助かります。みんながハッピーになるのです。

人を巻き込むことが当事者意識を高める

　これが、手慣れたようすでてきぱきと会議を進める人ではそうはいきません。不思議なことに人は、何でもそつなくこなす人を前にすると、「あの人に任せておけばいい」と傍観モードに入ってしまうものです。それでは参加者全員が主体的にかかわりづらくなりますし、決まったことに対しても、「自分たちで決めたことだから責任を持とう」という気持ちにはなりにくいのです。

　人に頼るのはプライドが許さないとか、バカにされそうで嫌だと思うかもしれませんが、そんな思い込みは捨てましょう。負けて勝つという言葉がありますよね。ゴールはみんなの納得ができる最適解に到達すること。そのためにみんなに助けてもらうのです。一見負けているようで、目的が達成できたのなら勝者はあなたなのです。

これ
お願い！

> **まとめ**
> ・一人で全部こなそうとしない
> ・「どうしたらいいですか？」と聞きまくる
> ・頼るのは恥ずかしいことではない

みんなに納得してもらう術

1つひとつ丁寧に確認&同意をとる

　ファシリテーションを学び始めの頃、私は時間内に会議を終わらせることに頭が一杯で、「もう意見も出ないようですし、これでいいですよね！」と強引に進めることがありました。これではファシリテーターではなく、仕切りテーターですよね。「意見も出ないようですし」ではなく、「意見はありませんか？」と聞くべきでした。「これでいいですよね！」ではなく、「これでいいですか？」でしょ！　と、かつての自分にツッコミを入れたくなります。当然、このような進め方で決めても参加者の納得感はなかったと思います。

参加者が「自分たちで決めた」と納得することが大事

　もう一度言います。ファシリテーターは参加者から意見を引き出し、結論へと導くための進行役であって、自分の考えどおりに会議を仕切る人ではありません。

　アジェンダを作って準備をしても、「これでいきます！」と押し付けるのではなく、「これでいこうと思いますがいいですか？」と確認する。「議題はこれでいいですか？」「この進め方でいいですか？」と、とにかくいちいち確認する。ホワイトボードに書く時も、「こういうことでいいですか？」と確認し了解を得てから書く。

こうすれば、「ファシリテーターが勝手に決めた」ということには絶対にならないし、参加者も「自分たちで話し合って決めた」と納得できるでしょう。

ささいなことでも「自分で勝手に決めていないか」と自問して

細かいことですが、付せんを並べ替えてグルーピングする時も、「これはこっちのグループに入れてもいいですか」と確認してから移動すること。私はかつて、「どうして勝手にそっちのグループに入れるのですか」と、ファシリテーターと大喧嘩をしたことがあります。「○○は、こういう意味で合っていますか？」と確認することはとても大事なのです。

付せんのコメントは短くまとめて書くので、細かなニュアンスが伝わらないことがあるのは、これまでもお伝えしてきたとおりです。言葉は伝わらないということを前提にして、どのような経験や背景からこの言葉が書かれているのか？　を共有していくことで、本質的な共通点が見出せることでしょう。

まとめ
・「これでいきます」ではなく「これでいいですか？」
・参加者の発言を尊重しよう

147

ネガティブな人をポジティブに変える術

リフレーミングスキルで何でもポジティブに言い換える

コップに水が半分入っている時に「半分しかない」と考えると不安になりますが、「半分もある」と考えれば安心します。このように、ある物事を、違う視点でとらえ直すことをリフレーミングといいます。これはぜひファシリテーターに持ってほしいスキルの1つです。

前向きな表現方法を身につけよう

会議の時にネガティブなことを言って場を凍り付かせる人は必ずいます。悪気はないかもしれませんが、チームの士気が下がり、会議も膠着状態になりかねません。そんな時は、リフレーミングのスキルを使って、ネガティブワードをポジティブに言い換えましょう。

たとえば、「2週間しかないから無理」は、「2週間あればできることを考えましょう」と言うことで前向きな議論をすることができます。「◎◎しかできていない」は「◎◎はできているということですね！　すばらしい！」と言い換えると、難しい課題もなんとかなりそうだと自信が湧いてきます。

会議以外でも役立つリフレーミングスキル

　リフレーミングが役立つのは会議の場だけではありません。たとえば、失敗して落ち込んでいる時、「失敗は成功のもと」と考えれば勇気が湧いてきます。人から叱られた時も「率直に言ってくれてむしろありがたい」と受け止めれば自分の成長にもつながり、相手とも良好な関係を築くことができるでしょう。突発的なトラブルが発生しても「現場対応力を磨くチャンスだ」ととらえれば、パニックにならずに対処できます。

 リフレーミングには①状況のリフレーミングと②意味のリフレーミングの2つのやり方があります。「今回のプロジェクトは失敗だ！」という言葉をそれぞれのやり方でリフレーミングすると？

①状況のリフレーミング

「人」「時間」「空間」「目的」の４つの状況ごとにリフレームする。

人　：誰に対しても失敗でしたか？　→そうでない人もいるよね
時間：長期的に考えても失敗と言える？　→成功への過程の１つかも
空間：他社からはどう見えていたでしょう？　→参考事例になったかも！
目的：人材育成という点で見たら？　→良い経験だったかも！

②意味のリフレーミング

「できないことがはっきりとわかったので、成果を出すために必要なことが明確になりましたね！」

苦手な人を苦手でなくする術

ややこしい人ほど正面から対峙する

　誰でも苦手なタイプの人はいるものです。会議の参加者の中には、「この忙しいのに会議なんてやってられない」「こんな会議、やっても意味がない」と、いやいや参加している人もいるかもしれません。若いファシリテーターを「お手並み拝見」とばかり上から目線で観察しているかもしれません。こんな場で、ファシリテーションをするのは恐怖でしかありませんよね。

　ここで私の体験をお話しします。

　ファシリテーションを学び始めの頃、腕組みをして足を組み、しぶしぶ参加していることがまるわかりの受講生ばかりの研修を担当したことがあります。話を真剣に聞くでもなく、ただその時間が過ぎればいいと思っている様子。私が話を進めていると、「そんなの理想論だ」と聞えよがしのつぶやきが聞こえてきます。私は怖そうな受講生とは目を合わさず、比較的好意的に聞いてくれそうな人にばかり話しかけてその場をしのぎました。

　その日の受講者のアンケートは、やはりいま一つなものでした。研修は全3回。残りの2回、どうすれば自分も、参加者も楽しくなるだろうか、何か一つでも持って帰ってもらえるかと考えました。

　そして2回目。研修が始まる前に、一番苦手そうな人に挨拶をし、「最近、仕事はどうですか？」と軽く世間話をしてから研修を

始め、研修中にも1人ひとりに向き合い、敢えて苦手な人に目を合わせて、ちょっとした変化を発見して「今うなずいていただきましたね。ありがとうございます」と伝えるなど、発言を引き出すよう心掛けました。すると、研修最終日のアンケートには、ぎこちない字で「この研修で、初めて楽しいと思えた」「自分がやりたいことがわかった。今後、挑戦してみようと思いました」「いい時間でした。ありがとうございました」と書かれていました。帰りの電車の中で、私はぼろぼろ泣いていました。

「人は変わらない」なんてことはない。自分が信じてなかっただけなんだ、自分が勝手に「この人無理」と思っていただけなんだ。誰もが変わるチャンスがあるし、気づくチャンスがある。それは今日かもしれないし、明日かもしれない。何年後かもしれない。今日の研修で10のうち1つでも2つでも伝わればいい。それはいずれ10の積み重ねにつながるから。そういう覚悟ができました。

苦手な人であっても逃げないこと。苦手な人ほど正面から向き合い、どうしてこんな表現をしているのか、何を伝えたいのだろうと考えると、辛い経験があるのかなと思えてくることが多いです。私は彼らから、とても大切なことを教えられたのです。

> **まとめ**
> ・苦手な人ほど正面から向き合う
> ・人は変われる
> ・参加者みんなを信じる

ファシリテーター初心者のための
Q&A

ファシリテーターのやり始めの頃によくぶつかる疑問やお悩みに答えます！

Q ホワイトボードに意見を書く時、今の議論に直接関係ない意見はどうしたらいいですか？

A パーキングロットにメモしておく

関係ないからといって書かないと、発言した人は「無視された」と思うかもしれません。また、その時は関係ないと思っていても、あとで脚光を浴びるかもしれません。こういう時は、ホワイトボードの隅に「パーキングロット（一時待避）」のエリアを点線で書いて作っておき、「ちょっとどこに入れたらいいかわからないので、一時待避しておきますね」と断って、そこにメモしておきましょう。

Q 発言内容がもやっとしていて、ホワイトボードにどう
書けばいいかわからない場合どうしたらいいですか？

A 発言者に聞くのが一番

書かずにスルーしたり、ファシリテーターの解釈でまとめてしまう
と、「無視された」「そういうことじゃないのに…」と、不満が残り
ます。こういう時は、「どう書いたらいいと思いますか？」と、発言者
に聞いてみましょう。「まとまらないのでもう一度考えてみます」
「取り消します」など、発言者の方から言ってくれるかもしれません。

 Q まったくピント外れの発言をする人には
どう対処したらいいですか？

A まず発言してくれたことを感謝しよう

どんな内容でも、「ご意見、ありがとうございます」と、発言してく
れたことに感謝の意を表しましょう。あるいは、「そうきました
か！」「なかなかユニークな意見ですね！」などの声掛けで、いった
ん発言を受け止めた上で、「他にありますか？」と場を転換します。

つい傾聴をしすぎて会議が時間通りに進まない ことがあります。どうしたらいいですか？

 傾聴は大事だが時間配分も意識して

傾聴はファシリテーターになくてはならない心構えの１つ。「この人はなぜこんな言い方をするのだろう」「なぜ執拗に反対するのだろう」「ややこしい人だな」と思っていた人も、じっくり傾聴すれば、その人なりの理屈や事情があるのだなと理解でき、対話の糸口が見つかるものです。とはいえ、限られた会議の時間の中では傾聴にも限界があります。複雑な議論の時は、あらかじめ意見を書いてきてもらう、会議後にメールでフォローをするなどの方法をとり、適度に切り上げましょう。みんなの時間を使っていることを忘れないことです。

 議論が紛糾して険悪なムードに。 どうしたらいいでしょうか。

A ブレイクタイムでリラックス

まずは５分間のブレイクタイムをとりましょう。一度立ち上がって部屋の外に出る、トイレ休憩をするなど動きを入れることで、リフレッシュになりますし場の空気も変わり、新鮮な気持ちで会議を再開できるでしょう。お茶やお菓子を用意しておくと気持ちが和みます。対立することは悪いことばかりでもありません。一度思いのたけを出し切っておけば、よりチームの結束が固くなるという利点もあります。

Q 会議中に沈黙が発生したら どうしたらいいですか？

A 不安や恐れが原因ならそれを取り除く

心理的安全性がない場では、沈黙、従順、無関心が起こりやすいと言われています。そのような場合は、何が心理的安全性を阻害しているのかよく観察し、それを取り除くことが大事です。

思考をめぐらせている・考えるための沈黙はとても大切です。その場合は30秒ぐらいなら待ってあげてOK。「言うことがわからない」「言わないほうが良さそう」など、恐れや不安からくる沈黙には、ファシリテーターが助け船を出す必要があります。

誰かの発言にすぐにみんなが同意（従順）、反応がない（無反応）という場合も、場をよく観察して。誰の発言がきっかけになったのか、発言の順番を変えたら状況が変わるのかなど確認しながら、心理的安全性が高まるように関わってみましょう。

あ と が き

　ここまで読んでくださって、ありがとうございます。

　この本では、ファシリテーションのテクニックについても書きましたが、テクニックだけならもっと詳しくてわかりやすい本は他にもたくさんあります。私が一番伝えたかったのは、ファシリテーターとしてのマインドです。

　ファシリテーションを学び始めの頃は、意見を言えない人を、どうやって言えるようにするか、ということばかり考えていました。しかし、言える環境を作ることも大事だとある時気づきました。そのためには、安心して話せる場づくりがとても大事です。そしてそれこそが、ファシリテーターの役割だと思うのです。声の大きい人の言うことだけを聞くのではなく、言いたいけど勇気がなくて言えない、そんな小さな声、声なき声を拾っていく、見逃さない、そんなファシリテーターでありたいと思っています。

　私はキャリアカウンセリングの仕事もしています。1人ひとりの話をじっくり傾聴していると、カウンセリングをできるのは1日6人が限界。もっとたくさんの方を支援するにはどうしたらいいのか、また、個人だけではなく、社会の問題をどうしたらいいのかと考えていました。

　そんな時に、ワールド・カフェを知りました。ワールド・カフェとは、少人数に分かれたテーブルで対話をし、一定時間が過ぎたら次々とテーブルを移動しメンバーを入れ替えて対話を続けていくことにより、参加者同士の相互作用で集合知が生まれる対話手法の1つ。ファシリテーションの方法としても使われています。

　「この方法なら、みんなで社会の問題に気づき発見や変化を生み出すことができるかも。うまく場を作れば、お互いにカウンセリングの効果

も得られる。カウンセラーは1対1でしかクライアントと関われないが、ファシリテーターなら一度に10人、20人、いや100人でも関わることができる。より多くの人に関われるのではないか」と思いました。その時から、ファシリテーションを学び始め、その魅力にはまっていっていたのです。

　カウンセリングマインドを大切にし、お互いの情動の交換をすることで互いの願いを鑑みて未来のための選択や判断をする。そのために視座、視点、視野を広げ深く関わり合いながら対話ができる。誰もが自分の人生を生きやすい社会にしたいと思ってファシリテーションを学んできました。単に会議を良くしようということだけでなく、1人ひとりがより自分にとっても周囲にとっても良い判断をできるようになれば、世の中から事件や自死が減り、より良い社会になるのではと、壮大な夢を持っています。

　人は、1人だけで考えすぎると間違った判断をしたり、自己中心の判断をしてしまうことがあります。それが自分を不幸にしたり他人を不幸にすることにもつながってしまう。そんなことをなくしたい。ネイティブアメリカンの教えに「どんなことも7世代先まで考えて決めねばならない」という言葉があります。私たちの判断が未来を創ると考えた時に本当にこれでいいのか、いろいろな視点からよく考える必要があります。他者がいるからこそ私が私でいることができるのです。みんなが互いの声を聴き、共感の心を持ってファシリタティブに関われる。みなさんとともに、そんな社会を創っていきたい。

　そのためのまず第一歩として、この本が少しでもお役に立てば、こんなに嬉しいことはありません。

謝 辞

　本書を執筆するにあたり、先人のファシリテーションから学んだことを大いに参考にさせていただきました。所属する特定非営利活動法人日本ファシリテーション協会の仲間や多くのファシリテーター仲間との学びで得たことはたくさんあります。

　全て挙げることはできませんが、特に堀公俊さん、加藤彰さん、荒金雅子さんからは惜しみない知識と経験を共有いただいています。今回は、ファシリテーションの実践に踏み出せない、踏み出してみたい方向けに恐れを解いて何か１つでも実践いただけるようにという思いで、筆を進めていきました。ぜひ一歩を踏み出して、実践をしましょう。本書を最初の一歩として、さらなる学びを深めていただけると幸いです。

実践に不安のある方、もっと学びたい方、全国にある日本ファシリテーション協会（FAJ）にぜひお越しください。ファシリテーションを共に学ぶ仲間と出会うことができます。
特定非営利活動法人日本ファシリテーション協会 HP:　https://www.faj.or.jp/